A
Criação do Mundo

A Criação do Mundo

lendas da Pérsia, China, Japão e Mongólia

Seleção, tradução e adaptação
Alice Mesquita

Copyright © 2005 Editora Aquariana
Título: A Criação do Mundo

Revisão: Maria Antonieta de Deus
Editoração eletrônica: Ediart
Ilustrações: Vagner Vargas
Capa ⎡ *ilustrações:* Vagner Vargas
⎣ *projeto:* Niky Venâncio

CIP-BRASIL. CATALOGAÇÃO-NA-FONTE
SINDICATO NACIONAL DOS EDITORES DE LIVROS, RJ

C946

A criação do mundo : lendas da Pérsia, China, Japão e Mongólia / seleção, tradução e adaptação Alice Mesquita. - São Paulo : Aquariana, 2005.

(Contos dos cinco continentes)

ISBN: 85-7217-094-4

1. Lendas.
I. Mesquita, Alice. II. Título: Lendas da Pérsia, China, Japão e Mongólia.

05-2678.   CDD 398.2095
                    CDU 398.21(5)

Direitos reservados:
Editora Aquariana Ltda.
Rua Lacedemônia, 68 — Vila Alexandria
04634-020 São Paulo - SP
Tel.: (0xx11) 5031.1500 / Fax: 5031.3462
aquariana@ground.com.br
www.ground.br

Sumário

Introdução, 7

A História de Izanagi e Izanami, 13

O Gigante Pan-Ku, 29

A Luta dos Deuses Persas, 41

Geser, o Herói da Mongólia, 59

Introdução

Esta seleção de contos traz para o leitor ocidental as lendas mitológicas sobre a criação do mundo segundo algumas antigas civilizações do Oriente.

Na história da humanidade, a comunicação sempre representou um elemento importante na luta pela sobrevivência. Uma história era contada e repetida, não só porque não existia a escrita, mas porque esta era a forma de transmitir os conhecimentos sobre como sobreviver. Passado o tempo em que a vida era apenas uma luta contínua para a preservação e propagação da espécie, os homens começaram a refletir sobre o mistério de sua origem e da criação do mundo.

Cada povo tentou solucionar este mistério de acordo com aspectos específicos da sociedade em que viviam, assim como a localização geográfica e a religião praticada. Para tanto, criaram histórias que fazem parte de seus livros sagrados e do conjunto de conhecimentos que integram sua cultura. Os contos mitológicos revelam muito mais do que a história que estão contando; revelam o pensamento do povo que os criou.

Entrar em contato com estas histórias mitológicas é percorrer o universo de outra cultura com olhos estrangeiros. Ao entrar em contato com a diversidade cultural, o leitor adquire a percepção da própria cultura, realçada pelas diferenças e semelhanças.

Ainda que haja uma enorme distância no tempo e no espaço entre as civilizações orientais e ocidentais, muitas das histórias se repetem, tais como a forma como o mundo foi criado, a ocorrência de um Dilúvio ou a redenção dos pecados pelo filho de um deus. O que varia são as características culturais.

Na cultura ocidental, os conhecimentos sobre a origem do mundo e do homem encontram-se na Bíblia, o Livro Sagrado adotado por várias religiões ocidentais, fonte de informação sobre o início dos tempos e o aparecimento do homem sobre a Terra.

Este livro conta como Deus, o Ser Supremo, criou o mundo com um ato de sua vontade, expressa através da Palavra (Verbo). Com o barro, Ele criou o primeiro homem, e de sua costela, criou a primeira mulher. Portanto, segundo a civilização ocidental cristã, o homem foi criado antes da mulher.

Na mitologia japonesa, o mundo foi criado

pelos deuses. Do barro que escorreu da lança de Izanagi e Izanami, o primeiro casal de deuses, originou-se a primeira ilha do Japão — um país formado por ilhas. Nesta época, ficou estabelecido que a mulher nunca deveria falar antes do homem pois arruinaria a obra da criação. No entanto, o Sol, indispensável para a vida da Terra, é representado por uma figura feminina, a deusa Amaterasu.

Na mitologia chinesa, o mundo se originou da explosão de um ovo. A ciência de nossos dias também afirma que o nosso universo se originou de uma explosão, o "Big Bang". A primeira figura feminina a aparecer é a da deusa Morte.

Na mitologia mongólica, a figura feminina se reveste de grande importância, pois ela é a Grande Mãe de todos os Espíritos. É também uma figura feminina, a Xamã, que serve de intermediária entre a Terra e os deuses.

A Bíblia conta que Deus criou os anjos e que no princípio todos viviam em harmonia. O Mal não existia até que Lúcifer, um anjo luminoso como a estrela da manhã, rebelou-se. Por castigo, foi expulso dos céus e lançado aos infernos. A partir de então, Lúcifer espalhou sua maldade sobre a Terra, levando os homens a pecar. A Humanidade foi salva com a vinda de Jesus, o filho de Deus.

Na mitologia da Pérsia, atual Irã, havia Aura-

Mazda, o princípio do Bem e Arimã, o princípio do Mal. Ambos se originaram da mesma luz divina. Porém a arrogância e inveja de Arimã fizeram com que ele recebesse o castigo de viver na região das trevas durante um longo período de tempo, quando se travaria a batalha entre o Bem e o Mal, com o triunfo final do Bem.

O Novo Testamento da Bíblia conta a história de Jesus, o filho de Deus que veio à Terra para salvar a humanidade por causa dos pecados. Na mitologia mongólica também se encontra o relato de que o Espírito do Oeste enviou seu filho à Terra para salvar a humanidade dos males e doenças provocados pelo maldoso Espírito do Leste.

O Antigo Testamento da Bíblia conta a história do povo judeu e nele se encontram narrativas como a Arca de Noé e o Dilúvio que assolou a Terra, com chuvas e ondas, tal como o Tsunami de 2004. Estes mesmos fatos também são narrados nos livros sagrados de muitas cilizações orientais. Na mitologia japonesa, o pranto do deus Susano-o lamentando a morte de sua mãe deu origem a um Dilúvio que assolou a Terra.

Cada civilização definiu qual seria o poder de seus deuses e como chegar até eles. Cada povo manteve suas lembranças históricas e ensinou condutas morais e crenças religiosas através de seus contos. Os contos revelam como cada povo entendeu o que seria viver em harmonia com a Natureza e as forças sobrenaturais. Harmonia, no entanto, sempre rompida pela eterna luta entre o Bem e o Mal.

Os contos mitológicos possuem ingredientes sobrenaturais para explicar o que é difícil de entender. Apresentam também um alto grau de violência na descrição da luta entre o Bem e o Mal. Quanto mais cruel a descrição, maior a ênfase dada ao poder do Bem em vencer o Mal. Na mitologia mongólica, as lutas são narradas com detalhes que seriam considerados de grande crueldade na sociedade ocidental.

Esta luta secular encontra-se presente ainda em nosso tempo: na origem dos grandes tumultos de ordem religiosa e racial, na guerra entre os povos de civilizações outrora desenvolvidas, no estabelecimento de novos governos e até mesmo nos jogos cibernéticos com que se distrai a juventude.

O mistério das origens e a saga entre o Bem e o Mal continuam fascinando o homem moderno. Mergulhar nos contos mitológicos é fazer uma viagem mágica ao início dos tempos.

A História de Izanagi e Izanami

LENDA JAPONESA

JAPÃO

O Japão, um país constituído de 6.800 ilhas, está situado no Oceano Pacífico, na costa leste do continente asiático. Trata-se de um país de forte estrutura centralizadora, onde 99% da população fala japonês, apesar da proximidade e influência da vizinha China. Alvo de crescente imigração em função da elevado nível econômico, o Japão se mantém um país centrado em suas tradições culturais. No mais antigo livro de mitos, o *Kojikhi*, (Registro das Coisas Antigas), encontra-se o relato do sistema de crenças sobre a criação do mundo, dos deuses e da família imperial (descendente dos deuses). Neste relato, a realidade se confunde com o mito, diferentemente da maioria das mitologias, onde os deuses, mesmo que mesclados aos homens, não perdem suas características de seres extraordinários.

Conta-se no Japão que no princípio dos tempos não havia separação entre o Céu e a Terra. Eles viviam unidos como uma massa confusa e desordenada, que se chamou de caos.

Com o passar dos séculos, as partículas mais puras e transparentes daquela massa primitiva se desprenderam e se elevaram, formando o Céu. A parte mais pesada afundou, dando origem à Terra.

Os delicados elementos do Céu logo se tornaram firmemente unidos, enquanto a Terra demorou mais tempo para se consolidar. Por séculos e séculos as águas do oceano ocuparam todo o globo terrestre como donas absolutas.

Quando o Céu e a Terra já estavam completamente formados, criou-se entre eles uma espécie de espuma, que depois de algum tempo se transformou na primeira divindade — *Kami*. Este primeiro deus não era masculino nem feminino, era ambos ao mesmo tempo — um hermafrodita.

Kami deu origem a um par de divindades, irmão e irmã, que por sua vez deram origem a outro par de deuses, e assim sucessivamente por sete gerações. Estes seres sobrenaturais eram majestosos e se pareciam com os homens de hoje, porém mais belos e mais fortes. Sua morada era o infinito céu azul.

A oitava geração destes deuses foram os irmãos Izanagi — *o Homem que convida* — e Izanami — *a Mulher que convida*.

Os deuses tinham muita curiosidade a respeito da Terra e pediram a Izanagi e Izanami que fossem até lá verificar o que havia no fundo dos mares.

A abóbada celeste naquele tempo era uma região infinita, cortada por um "rio" muito largo, a Via Láctea, em cujas margens viviam as divindades. A Terra se unia ao Céu através da Ponte Flutuante Celestial, o arco-íris, por onde os moradores celestes desciam com freqüência.

Izanagi e Izanami atravessaram a Ponte Flutuante Celestial até chegar perto da Terra. Dali revolveram o fundo lodoso das águas do oceano com uma grande lança, em cuja ponta havia uma pedra preciosa vermelha. Reviraram o lodo de um lado para outro sem encontrar nada. Ao retirarem a lança da água, uma gota de barro deslizou pela lança e caiu no mar, formando a ilha Onogoro, que ficou flutuando.

Izanagi e Izanami decidiram estabelecer sua moradia naquela ilha, onde mais tarde foi instituído o Império Nipônico. Ali chegando, erigiram o Pilar Central da Terra.

Depois disso se contemplaram longamente e Izanagi perguntou:

— "Como é feito seu corpo?"

— "Meu corpo cresce em todos os lugares, com exceção de um pequeno pedaço", respondeu Izanami.

— "Meu corpo também cresce em todos os lugares e especialmente em um determinado lugar", ele disse, "seria bom que pudéssemos juntar estas partes de nossos corpos. Assim poderíamos nos complementar."

— "Também acho uma boa idéia", concordou Izanami.

***

Izanagi então sugeriu que dessem a volta à ilha, a partir do Pilar Central da Terra. Ele seguiu pelo lado esquerdo e Izanami pelo lado direito. Ao se encontrarem novamente, ela não se conteve diante da beleza máscula de Izanagi:

— "Estou encantada por encontrar um homem tão belo!"

— "Oh, que bela mulher!" exclamou Izanagi ao mesmo tempo.

Em seguida, ele ficou zangado e disse:

— "Como ousa se dirigir a mim em primeiro lugar, sendo uma mulher? Isto traz má sorte. Eu sou o homem. Portanto, sou eu quem deve falar primeiro!"

E assim, o primeiro casal, que aprendeu com os pássaros o que era o amor, começou a procriar.

O primeiro de seus filhos nasceu sem inteligência. Ao completar três anos, ainda não conseguia ficar em pé. Seus pais decidiram abandoná-lo nas águas do oceano dentro de uma cestinha de junco. O segundo filho virou uma ilha de espuma.

Desapontados, Izanagi e Izanami foram perguntar aos deuses:

— "Porque não conseguimos gerar um filho saudável?"

— "Porque foi a mulher quem falou primeiro", responderam os deuses.

Izanagi e Izanami decidiram voltar a Pilar Central e repetir o ritual de dar a volta à ilha. Quando se encontraram novamente, Izanagi falou:

— "Estou feliz por encontrar uma jovem tão bonita, cuja beleza me seduz e a cujo encanto não posso resistir."

Depois disto, Izanagi e Izanami geraram as oito principais ilhas do Japão e os deuses que dirigem os ventos, a terra, os montes, as árvores, as montanhas.

Finalmente, Izanami deu à luz o Deus do Fogo. Durante o parto ela ficou mortalmente queimada e sofreu uma longa agonia. Suas dores e suas lágrimas de sofrimento deram origem a outros deuses.

Izanami morreu e desceu aos subterrâneos da

Terra, o Reino das Trevas. Izanagi, porém, não agüentou sua ausência e desceu aos Infernos para buscá-la. Depois de vê-lo vagar por tanto tempo na escuridão à sua procura, ela decidiu encontrá-lo nos portões do Inferno:

— "Volte comigo, minha querida esposa", suplicou ele, "pois não suporto mais a sua ausência. Ainda não terminamos nosso trabalho de criação e há muito para ser feito."

— "Ó meu querido esposo e irmão, creio que já é muito tarde, pois comi da fornalha do Inferno. No entanto, falarei com o senhor das Trevas. Espere por mim aqui e prometa que não me seguirá", disse Izanami.

Izanagi esperou e esperou por longo tempo. Até que não conseguiu mais conter sua impaciência e acabou entrando no Reino das Trevas. Encontrou a morada de Izanami e entrou sem ser convidado, correndo para abraçá-la.

— "Minha querida, não consigo mais esperar."

E com a força de seu ardor ao abraçá-la, quebrou uma das hastes do pente que segurava seus cabelos. Izanagi acendeu uma tocha para contemplar sua amada e ficou horrorizado com o que viu. Ela estava em estado de decomposição, com vermes saindo das carnes apodrecidas, enquanto os deuses das Tempestades nasciam de seus braços e de suas pernas.

Izanagi, apavorado, saiu correndo, enquanto ouvia a voz dela que dizia:

— "Ah... meu esposo, quanta vergonha."

E agora era ela quem corria atrás dele.

Ao chegar na porta do Reino das Trevas, Izanagi colocou uma grande pedra para fechar sua entrada. Separados pela pedra, Izanagi e Izanami falaram-se pela última vez. Ele compreendeu que ela nunca mais poderia voltar para o mundo da Terra e que ele a havia perdido para sempre. Assim, pronunciou a fórmula de separação. Depois disto, Izanami desceu para sempre aos subterrâneos da Terra, onde se tornou a Deusa da Morte e da Fecundidade.

Izanagi dirigiu-se à ilha de Kyushu, onde corre o rio das Laranjas e banhou-se muitas vezes em suas águas límpidas para se purificar. De cada parte de seu corpo que tocava a água, surgia uma divindade. Da gota que caiu do olho direito nasceu o Deus da Lua, da gota que se desprendeu do olho esquerdo, nasceu Amaterasu, a Deusa do Sol. Da gota que escorreu do nariz, nasceu Susano-o, o Deus do Trovão, agressivo e impetuoso.

Susano-o nunca se consolou com o desaparecimento de sua mãe e vivia se lamentando em altos brados. Seu pranto relampejava e trovejava pelos céus de tal forma que as montanhas verdes se encolheram e os mares secaram completamente.

Um dia, as águas decidiram voltar e inundaram a Terra com toda a sua força, destruindo tudo o que encontravam pela frente.

Amaterasu, a Deusa do Sol, havia recebido de seu pai Izanagi a missão de governar o mundo. Sua beleza era gentil e seu calor irradiava força e esperança para o povo da Terra.

Depois de algum tempo, a paz que reinava no mundo começou a despertar inveja no irrequieto Susano-o que resolveu ofuscar o brilho e a alegria do reinado de Amaterasu.

Na verdade, quando os dois irmãos se encontravam não conseguiam ficar juntos por muito tempo. O sol e o trovão não se entendiam. Mas mesmo assim, havia algo que os unia e os aproximava.

Susano-o estava sempre remexendo com seu vento as coisas do mundo, de lá para cá, para que não ficassem paradas. Era conhecido como O Impetuoso, porque gostava de se mover rapidamente, criando caos e estrondo para onde quer que fosse.

Amaterasu era tolerante com o comportamento irrequieto de seu irmão. Porém, quanto mais ela o perdoava, pior era o comportamento de Susano-o, que queria ver até onde ia o brilho da Deusa.

Um dia, ele usou um raio para fazer um buraco no teto dos aposentos de Amaterasu, por onde jogou um cavalo morto. O animal caiu no meio da corte da Deusa do Sol, matando algumas de suas acompanhantes, que corriam desbaratadas e assustadas.

Surpresa e magoada, Amaterasu decidiu se retirar dos céus e foi se esconder no fundo de uma caverna escura. Uma terrível escuridão cobriu o mundo quando ela o abandonou.

O povo, sem sua mãe radiante, perdeu a alegria e esqueceu sua força, entregando-se ao desespero. Enquanto isso, os maus espíritos se espalharam pela Terra. O mundo começou a minguar e a morrer.

Os outros deuses também ficaram sem a brilhante luz de Amaterasu. Cansados da escuridão, resolveram se reunir para encontrar uma forma de despertar novamente a boa vontade da Deusa.

Um deus esperto teve a idéia de levar para perto da caverna uma grande quantidade de galos que deveriam cantar como se estivesse amanhecendo. Também pediu a todos os pássaros que se unissem aos galos, para formar um grande coro. Depois, plantou quinhentas árvores aromáticas para perfumar a morada da Deusa ofendida. Finalmente colocou um espelho na entrada da caverna e pendurou uma infinidade de jóias nas árvores para que servissem de refletores.

Enquanto isso, uma deusa de grande beleza teve outra idéia. Despiu suas roupas e colou milhares de folhas de bambu sobre seu corpo. Depois, começou uma bela dança e com movimentos rítmicos, ia tirando uma a uma as folhas de bambu. Os deuses ali reunidos riam às gargalhadas e faziam grande algazarra, divertindo-se com a bela deusa que se desnudava enquanto dançava.

Naquele momento, sob a luz de mil archotes, os galos começaram a cantar.

Mal Amaterasu apareceu na entrada da caverna, a luz voltou a brilhar no mundo. Sua imagem se refletiu imediatamente no espelho e ela esqueceu suas mágoas ao contemplar sua luz brilhante e dourada multiplicada nas jóias penduradas nas árvores. Afinal de contas, ela era mesmo a mais formosa das deusas.

Amaterasu voltou então ao seu palácio, certa de que nunca mais se amedrontaria com as tempestades. O povo retomou a força e a alegria de viver.

Os deuses decidiram então castigar duramente Susano-o e o expulsaram dos Céus, concedendo-lhe, porém, o Império dos Mares. Antes que se fosse, arrancaram seus cabelos e suas unhas como castigo pela ousadia de afrontar o reinado da Deusa do Sol.

Expulso do Céu, em lugar de ir para os mares como lhe havia sido ordenado, Susano-o ficou vagando pela Terra. Viajou por todo o mundo, observando os lugares, os homens e as mulheres.

Certo dia, ele estava passando perto do rio Ki

quando o sol começou a descer no horizonte. Viu que havia uma casa nos arredores e para lá se dirigiu, pensando em pedir pousada por aquela noite. Aproximando-se da casa, ouviu algumas vozes que se lamentavam, soluçando e suspirando.

Espantado, Susano-o parou na soleira da porta e deu uma rápida olhada para dentro da casa. No centro da sala completamente vazia e sem fogo, havia um casal de velhinhos e uma jovem de rara beleza, cuja comprida cabeleira era negra como a noite e os olhos brilhantes como as estrelas.

Os três estavam se lamentando, chorando e batendo no peito em sinal de desespero.

— "O que está acontecendo aqui", perguntou Susano-o, "qual a razão de tanta dor?"

— "Ó estrangeiro, sou Asizanuci e estas são minhas mulher e filha Kunisada", disse o ancião. "Dentro de pouco tempo, o terrível dragão virá buscá-la e levá-la para a sua morada, onde será devorada."

— "E que monstro é esse?" perguntou intrigado o deus Susano-o.

— "Oh, é um monstro enorme com oito cabeças e oito caudas", respondeu o velhinho. "O corpo tem o tamanho de oito vales e oito colinas e está coberto por uma floresta espessa. Seus olhos são de fogo e seu ventre lança chispas. Este monstro levou todas as minhas riquezas, devorou todos os animais de meu estábulo e todos os criados que povoavam minhas terras. E agora que já me despojou de tudo, quer levar minha única alegria, minha adorada filha."

Susano-o ficou comovido com a história que o velhinho estava contando e disse:

— "Se Kunisada quiser ser minha esposa, prometo que a salvarei do dragão."

— "Mas quem é você, ó estrangeiro, que chega assim à minha porta?"

Então, para se dar a conhecer, Susano-o abriu a capa de peregrino que o cobria e apareceu diante dos três em todo o seu esplendor e majestade divinas.

Os aflitos pais de Kunisada aceitaram a proposta com muito gosto. A bela jovem aproximou-se do deus, oferecendo sua pálida mão que ele apertou com ternura.

Naquele preciso momento, a Terra tremeu terrivelmente e um uivo ressoou pela noite. Era o dragão que se dirigia à casa. Com seu enorme corpo que mais parecia uma montanha, arrasava tudo por onde passava. A Terra se iluminou com o clarão fulgurante das chamas de seus dezesseis olhos.

Susano-o sacou sua espada com vigor e ordenou aos três atemorizados moradores da casa:

— "Encham oito odres com aguardente saquê e coloquem na frente da entrada da casa."

Enquanto isso, apesar do corpo gigantesco, o

dragão se aproximava com a velocidade do vento. Ao chegar na frente da casa, parou de repente ao sentir o cheiro do saquê, bebida que ele tanto apreciava. Sem vacilar, enfiou suas oito cabeças dentro dos oito odres e começou a beber com avidez. Bebeu e bebeu até que adormeceu, completamente embriagado, roncando de forma aterradora.

Susano-o aproximou-se do temido dragão e trespassou mil vezes a sua espada no corpo imóvel do monstro adormecido. Das mil feridas, jorraram mil rios de sangue negro e pestilento.

Mesmo sabendo que o dragão já estava morto, Susano-o cravou a espada em seu coração. Ouviu-se um barulho metálico e a espada se rompeu em mil pedaços.

— "O que será que aconteceu?" pensou surpreso Susano-o.

Para averiguar, o deus esquartejou o corpo do dragão. E seu assombro não teve limites ao encontrar nas entranhas do monstro uma espada de diamantes de rara beleza.

— "Darei esta linda jóia para minha irmã Amaterasu, como um pedido de perdão", disse Susano-o.

E tomando as mãos de sua bela Kunisada, conduziu-a ao seu maravilhoso palácio coberto de nuvens prateadas, onde viveram felizes para o resto de seus dias.

CHINA

A China é um país de grande extensão territorial, com mais de 1 bilhão de habitantes, representando quase 20% da população mundial. A civilização chinesa é uma das mais antigas do mundo, com uma movimentada história de guerras, divisões e unificações. Nos últimos quatro mil anos, a China conheceu várias formas de governo, desde suntuosas dinastias imperiais até o comunismo em época mais recente. Durante séculos, seu avanço tecnológico garantiu a dominação sobre os outros povos da Ásia. No entanto, nos séculos XIX e XX, a China se viu militarmente enfraquecida, incapaz de repelir a influência européia e a invasão japonesa, perdendo assim a supremacia. Com uma civilização de mais de 4.000 anos, a cultura chinesa possui um inestimável tesouro para a humanidade em manifestações de arte e literatura. Na literatura de prosa e verso encontram-se os textos sobre os princípios filosóficos de Confúcio e Buda, os expoentes da sabedoria chinesa, que norteiam as várias religiões praticadas na China.

O Gigante Pan-Ku

LENDA CHINESA

No início dos tempos, o Céu e a Terra não existiam.

Havia apenas um imenso ovo, em cujo interior os elementos do universo se misturavam na mais absoluta desordem — o caos.

Dentro do ovo, cresceu o gigante Pan-Ku, que dormiu tranqüilo durante milhões de anos até que um dia despertou.

Ao ver que havia apenas trevas ao seu redor, Pan-Ku ficou irritado e sacudiu o ovo, que se partiu em meio a uma grande explosão. Com isto, os elementos do Universo escaparam.

Os elementos leves flutuaram e foram se agrupar no alto, dando origem ao Céu ou Yang. Os elementos mais densos afundaram, formando a Terra ou Yin.

Pan-Ku percebeu que era preciso manter estes elementos separados para que a confusão do caos não voltasse a se instalar. Para isso, ele se esticou até alcançar o Céu, que agarrou com as mãos, enquanto os pés empurravam a Terra. Como um imenso pilar, ele separou o Céu e a Terra durante 18 milhões de anos, até que tudo ficasse estável em seus lugares.

Depois deste tempo, Pan-Ku estava tão exausto que se estendeu sobre a Terra e morreu. Seu corpo sem vida começou a se modificar. O olho direito tornou-se lua e o olho esquerdo converteu-se em sol. Os cabelos viraram estrelas que subiram ao Céu. De seu último suspiro surgiram a brisa, o vento e as nuvens. O som de sua voz transformou-se em trovão. Os braços e as pernas deram origem aos quatro cantos da Terra, formando montanhas e vales. Seu sangue correu sob forma de rios e seu suor se converteu em chuva e orvalho, transmitindo vida às planícies que um dia foram sua pele. Os pêlos do corpo se converteram em relva, plantas e frutos. Seus dentes e ossos deram origem às rochas e aos minerais. Os pequenos insetos que viviam sobre seu corpo se transformaram nos muitos seres viventes.

Pan-Ku foi o ordenador do mundo, que criou a beleza do Céu e fez a Terra florescer.

Depois que Pan-Ku morreu, o tempo se dividiu em três grandes etapas num espaço de cento e vinte e nove mil e seiscentos anos.

Na primeira destas etapas, o Céu adquiriu sua atual formação. O gigante Pan-Ku, o primeiro ser, ao sacudir o ovo fez com que a matéria que estava em completo repouso adquirisse movimento e se agregasse. Nesta primeira etapa ficou estabelecida a superioridade do Céu.

Na segunda etapa, consolidou-se a formação da Terra, que se originou da mesma explosão que criou o Céu. Por serem mais pesados, os elementos formadores da Terra levaram mais tempo para se estabilizar, até que se transformaram num lugar muito bonito.

Enquanto isso, o Imperador de Jade, criador dos deuses, também terminava sua tarefa de organizar o império celeste. Ele achava que o mundo era belo e gostava de se transformar num Pássaro de Fogo, sua identidade antes da criação, para visitar a Terra.

Numa de suas visitas ficou espantado em ver que o mundo estava triste e desolado, tal como uma bola de barro amarelado e amarfanhado. Aflito, ficou imaginando o que podia fazer para salvar aquele lugar tão bonito. Decidiu que criaria os homens e os animais para alegrar o mundo.

Iniciou-se então a terceira etapa — a supremacia do homem sobre a Terra, um tempo que se estende até hoje.

Porém, era preciso alimentar os homens e os animais. Para resolver este problema, o Imperador de Jade chamou Kim Kuang, seu oficial celeste e disse:

— "Leve este punhado de sementes e estes dois grãos de arroz até à Terra. Semeie-os por toda parte. Assim que crescerem, eles alimentarão todos os homens e todos os animais."

Kim Kuang inclinou-se respeitosamente diante de seu Senhor e montou num arco-íris para descer à Terra e cumprir a missão que lhe havia sido confiada.

Kim Kuang já estava quase chegando à Terra quando decidiu atirar as sementes de uma só vez. Ele não entendia nada de agricultura. Assim, as sementes caíram amontoadas e não espalhadas como havia ordenado o Imperador de Jade. Tão logo as sementes tocaram o solo, as plantas começaram a crescer e rapidamente um mato espesso ocupou todas as terras que não estavam cobertas pelas águas.

Ao ver aquilo, Kim Kuang olhou para os grãos de arroz e pensou:

— "A Terra já está lotada de plantas e se cada um destes grãos de arroz se multiplicar da mesma maneira, não vai sobrar lugar para os homens nem para os animais."

E assim pensando achou que era melhor comer um grão e plantar o outro.

Quando o Imperador de Jade visitou a Terra novamente, ficou surpreso ao ver que havia mais mato do que espigas de arroz. Indignado, chamou Kim Kuang e disse:

— "Estou vendo que você estragou o que iria ser a mais bela de minhas obras. Agora a Terra se transformou numa grande bola de capim. Os ani-

mais encontrarão facilmente seu alimento, mas o que será dos homens? Por causa disto vou criar um outro animal, o búfalo. Ele vai ter a sua cara e a sua falta de inteligência. Você mesmo será o primeiro destes animais e está condenado a comer todo o capim até que consiga livrar a Terra desta praga."

E de nada serviram os protestos do infeliz Kim Kuang ao ver que se convertia num animal de quatro patas. Desde então, o búfalo come sem parar na esperança de acabar com todo o capim que existe na Terra.

Os primeiros homens se abrigavam em cavernas quando fazia frio e construíam seus ninhos nos altos das árvores quando estava calor. Eles podiam se entender com todos os animais e usavam os cervos alados e os dragões como sua montaria.

Quando começou o império do homem sobre a Natureza, ele abandonou as cavernas e as árvores. Naquele tempo, o homem possuía todo o universo, viver na Natureza era uma tarefa difícil pois havia serpentes venenosas, animais gigantescos e as águas eram estagnadas e pestilentas.

Porém, reinava muita paz, e homens e animais viviam em harmonia.

Passaram alguns milhões de anos e os homens, por serem muito criativos e inovadores, começaram a ter novas idéias. Perceberam que a pele dos animais abrigava muito mais do que as vestimentas de folhagens. E foi assim que começaram a matar os animais.

Isto causou a rebelião dos animais até então pacíficos. Usando as garras, os dentes, os chifres e o veneno, eles passaram a atacar os homens que não podiam lhes resistir.

A Natureza perdeu sua tranqüilidade. A luta começou e durou para sempre.

Os primeiros homens que habitaram a Terra eram imortais, porém tinham a capacidade de se multiplicar. Logo se tornaram tão numerosos que a Terra não teve forças para suportar tão grande quantidade. Quando estava a ponto de se afogar nas águas profundas que começavam a engolfá-la, ela lançou ao Céu um desesperado grito de socorro.

O rei dos deuses, o Imperador de Jade, ao ouvir aquele grito percebeu que tudo o que havia criado estava condenado a desaparecer e teve um acesso de fúria. Naquele momento, uma chispa de fogo partiu de seu corpo e as labaredas começaram a devorar o Céu, a Terra, o espaço, o universo, assim como todos os seres que neles viviam.

Ao ver aquele incêndio tão devastador, os outros deuses correram a suplicar ao Imperador de Jade para que tivesse compaixão e misericórdia do universo e dos seres viventes.

O Imperador de Jade cedeu às suas súplicas e apagou o fogo de sua ira. Depois, fez um gesto rápido e criou uma nova deusa.

Ela apareceu vestida de vermelho e negro, com os olhos escuros brilhando no rosto pálido. Com a cabeça primorosamente enfeitada por adornos divinos, a jovem deusa permaneceu diante de seu Criador à espera de sua missão.

— "Seu nome será Morte", disse o Senhor do Céu, "e será dona da vida de todos os seres vivos, destruindo-os quando quiser, quer sejam inteligentes ou estúpidos, ricos ou pobres".

Ao ouvir estas ordens, a deusa foi tomada de grande desespero, atirando-se aos pés do Imperador de Jade e chorando desconsolada.

— "Senhor porque deverei semear o terror no coração de todos os seres?" soluçava, "Porque fui criada para tão terrível encargo? Apenas para ser o objeto de terríveis maldições?"

Enquanto chorava, as lágrimas da deusa Morte corriam abundantes por sua face pálida, chegando até o chão onde formaram um rio caudaloso.

O Imperador de Jade, comovido, inclinou-se para ela e disse suavemente:

— "Não chore, divina deusa, não chore. Apenas obedeça às minhas ordens e destrua os seres vivos porque é preciso. A culpa não será sua. As lágrimas que seus magníficos olhos acabam de verter e que correm aos meus pés como um rio caudaloso se transformarão em numerosas enfermidades que ceifarão a vida dos homens da Terra. A culpa por suas mortes caberá às enfermidades. Vá, pois, minha filha e cumpra o seu dever."

Ao ouvir estas palavras, a Morte enxugou os olhos e sorriu para seu Criador. Depois, desceu à Terra.

PÉRSIA

Pérsia é o nome antigo do Irã, considerado como um dos berços da humanidade. Atualmente, o Irã é composto por aproximadamente 80 diferentes grupos étnicos que vivem interrelacionados. O país faz fronteira com países como o Azerbajão, a Armênia, o Turquistão, Paquistão, Afeganistão, Turquia e Iraque. Importantes conquistas da humanidade como a escrita se devem à cultura persa. Como a maioria das antigas civilizações, o povo persa cultivava a arte, música, arquitetura, poesia, filosofia e outras tradições, o que lhes conferia um alto grau de avanço cultural. A isto atribuem o fato de terem sobrevivido a todas as calamidades durante tantos séculos. A religião persa era marcadamente dualista, onde o Bem e do Mal duelavam pela supremacia, ainda que já estivesse estabelecido que ao final o Bem triunfaria. Para que os homens pudessem sobreviver durante este tempo de luta, Aura-Mazda, o princípio do Bem, ensinou aos homens o caminho que deveriam seguir, norteado por elevados valores morais.

A Luta dos Deuses Persas

LENDA PERSA

Os persas, antigo nome do povo do Irã, contavam que no princípio de tudo havia apenas o Eterno no Universo. Em certo momento, o Eterno decidiu Criar.

Primeiro criou a luz celestial. Desta luz se originou Aura-Mazda, um ser sagrado e celestial.

Aura-Mazda representava toda a Inteligência e todo o Conhecimento. Ele também foi um criador e criou o mundo do qual se tornou governante.

Depois de um reinado de três mil anos, Aura-Mazda criou o mundo físico em seis períodos de tempo. Com um simples ato de sua Vontade e por meio de sua Palavra, criou a luz terrena, que é diferente da luz celestial. Depois criou as águas, a terra, as plantas, os animais e, finalmente, o homem.

A mesma luz que deu origem a Aura-Mazda, criou também Arimã, que no início era tão puro quanto seu irmão. Porém, com o tempo, tornou-se ambicioso e arrogante. Desta forma, começou a ter inveja do poder de Aura-Mazda.

Insatisfeito com a conduta de Arimã, o Eterno condenou-o a viver doze mil anos na região das trevas. Durante este tempo o Bem e o Mal travariam todas as batalhas e, ao final, o Bem triunfaria.

Como nesta época o Mal já se espalhava pelo

mundo, para combatê-lo, Aura-Mazda criou três exércitos de espíritos à sua imagem e semelhança. Estes seres eram exemplos de pureza e perfeição.

O primeiro destes exércitos rodeava seu trono. Os espíritos da segunda hoste seriam os mensageiros entre os homens e Aura-Mazda, servindo de intérpretes para as orações dos seres humanos. O terceiro grupo era formado pelos espíritos que funcionavam como anjos da guarda e acompanhavam cada ser vivo. Eles desciam à Terra para ajudar a todos, podendo ser invocados em momentos de grande aflição.

Arimã, por sua vez, criou um número enorme de espíritos maus, que encheram a Terra de miséria e pecado. Os maus espíritos eram a encarnação da fraqueza, da violência, da cobiça e da crueldade. Eram os demônios do frio, da fome, da pobreza, da esterilidade e da ignorância. O pior de todos era o demônio da calúnia.

Arimã assistiu à criação da Terra e das águas, porque as trevas haviam invadido estes elementos. Também tomou parte ativa na corrupção e destruição do homem que Aura-Mazda havia criado.

Aura-Mazda havia criado o primeiro casal humano, a quem chamou de Meshia, o homem e Meshiana, a mulher. Meshia e Meshiana eram puros e felizes. Seu alimento era o fruto de algumas árvores que lhes era permitido comer.

No entanto, o demônio Arimã conseguiu seduzir a mulher e logo em seguida o homem, incitando-os a comer dos frutos proibidos. Ao comer o que era proibido, Meshia e Meshiana perderam sua pureza e começaram a derrubar as árvores, matar os animais e cometer muitas maldades.

Desta forma, Meshia e Meshiana degeneraram a natureza humana, espalhando a desordem por toda a face da Terra. Animais como os insetos, as serpentes e os lobos, até então inofensivos, passaram a ser nocivos.

Como castigo por sua perversidade contra a espécie humana, Arimã e os maus espíritos foram vencidos e lançados por todos os lados, estabelecendo-se assim a perpétua luta entre o Bem e o Mal.

Mas nem tudo estava perdido. Os homens bons não tinham nada a temer, pois poderiam exterminar o Mal com seu trabalho. O cultivo da terra e o plantio das árvores frutíferas em abundância seriam sempre considerados do lado do Bem.

Após os anunciados doze mil anos, a Terra ficaria livre dos maus espíritos. Três profetas apareceriam aos homens, ajudando-os com seu poder e sua ciência. Assim, a primitiva beleza da Terra seria devolvida.

No final, o Bem e o Mal seriam julgados. Os bons espíritos voariam até a região do Bem eterno e imutável, enquanto Arimã, com todos os seus demônios e os homens que o seguiram seriam lançados num mar de metal fundido em estado de liquefação.

O Bem vencerá o Mal. A luz brilhará sobre as trevas celebrando o definitivo triunfo de Aura-Mazda.

***

Logo que o mundo foi criado, ele apareceu em todo o seu esplendor. No alto do Céu, o sol brilhante iluminava a Terra, enquanto os campos se coloriam de verde e as águas se estendiam tranqüilas e azuis, formando mares e oceanos.

Um dia, ouviu-se um estrondo assustador, como se o Céu estivesse se rompendo e, naquele momento, o herói Kaiumur foi elevado ao trono da Pérsia para ser o primeiro imperador do mundo.

Kaiumur era belo e resplandecente em seu trono de ouro e pedras preciosas. Brilhava como um sol sobre as montanhas nevadas, onde vivia em seu castelo, num pico tão elevado que parecia tocar o Céu.

Os homens, os animais da floresta e as aves do Céu acudiam de todas as partes e se inclinavam diante de seu trono para lhe render homenagem.

O imperador Kaiumur tinha um filho a quem amava com toda a sua alma — Siamek, que era um modelo de virtude e gentileza. Porém, dentro de seu coração, Kaiumur sofria de uma intensa angústia, com medo de perder aquele filho tão querido.

O reinado de Kaiumur era feliz para todos os povos de quem era o senhor. Porém, Arimã, o senhor dos Devas, era seu inimigo e conspirava nas trevas para provocar sua ruína, porque invejava seu poder e seu prestígio.

Arimã também tinha um filho, Div, que era o oposto de Siamek, pois era horrendo e maldoso. Tinha uma cara de lobo feroz, com enormes presas, e as mãos eram como garras de ave de rapina.

Um dia, Div disse a seu pai:

— Meu pai, não consigo viver sabendo que Siamek é mais bonito do que eu e que após a morte de seu pai, vai me superar em esplendor. Quero um exército para poder combatê-lo numa guerra e acabar com o reino deste rival, que me atormenta e a quem invejo profundamente.

— Div, meu filho, muito me alegra que me fales assim — disse Arimã.

E imediatamente ordenou a seus generais que preparassem o exército mais poderoso como jamais se viu no mundo.

Enquanto isso, Kaiumur, sem saber do que se tramava contra ele, vivia feliz com seu amado filho. Porém, Aura-Mazda não permitiu que ele fosse surpreendido desarmado e enviou-lhe um mensageiro. Um Espírito apareceu certo dia, na hora do pôr-do-sol quando o imperador se preparava para descansar. Aquele ser formoso e deslumbrante como um deus, disse ao imperador:

— Kaiumur, não se entregue ao ócio e esteja preparado para se defender. Apronte seu exército para o combate, porque seus inimigos não tardarão em atacar.

Quando o Espírito desapareceu, o rei correu a dar o alarme a seu filho e a seus generais. Siamek ficou profundamente irritado com a notícia. No entanto, sem perda de tempo, reuniu um poderoso exército. Depois, cobriu seu corpo com uma pele de tigre e pegando a lança e o escudo, correu ao encontro do malvado Div, que estava ávido pelo combate.

Quando os dois exércitos se encontraram frente a frente, o generoso Siamek, contendo a duras penas o ímpeto de seus soldados que queriam lançar-se imediatamente contra o inimigo, enviou um emissário ao rival Div.

— Meu senhor —, disse o enviado —, o príncipe Siamek me ordena dizer-lhe que não considera justo que os soldados se matem entre si, quando o verdadeiro ódio existe só entre ele e o senhor. Que combatam, pois, Siamek e Div. Do resultado deste duelo dependerá o resultado do combate.

O malvado Div aceitou com alegria a nobre proposta e se apresentou no terreno de luta sozinho, desarmado. Siamek estava armado com uma lança.

Começou a caminhar na direção de Div, quando este lançou um urro feroz, saltando sobre Siamek, jogando-o por terra. Com seus dentes agudos e suas poderosas garras, arrancou as entranhas de Siamek, que morreu em seguida.

O exército de Kaiumur, ao perder seu comandante, teve que se retirar derrotado e sem combater.

O imperador logo tomou conhecimento da morte de seu idolatrado filho. Imerso em dor profunda, sem poder conter o sofrimento e o pranto que o embargavam, sentiu que o mundo inteiro havia se tornado negro e sombrio.

O exército e o povo, em pranto e luto, rodearam o trono real. Todos gemiam e se lamentavam, com os olhos e o coração cheios de cólera. Com espanto, viram que os animais e os pássaros de todas as partes do mundo acudiam ao palácio real, uivando desoladamente.

Depois disso, uma imensa nuvem de pó se levantou em volta do palácio, encobrindo a luz do sol.

Por um ano inteiro todos choraram e gemeram de dor, acompanhando o sofrimento do velho imperador. Mas ao cumprir-se o primeiro aniversário da morte do príncipe Siamek, uma luz resplandecente emanou do Céu e novamente o Espírito apareceu, saindo de uma nuvem luminosa. Sorridente, abençoou a todos e disse ao imperador Kaiumur:

— O Céu não deseja mais o seu choro e ordena que prepare seu exército para combater e derrotar os exércitos de Div. Desta forma, livrará a Terra deste malvado e sua alma ficará satisfeita com esta vingança.

Quando o Espírito desapareceu, Kaiumur ordenou que se preparasse um poderoso exército. Em seguida, chamou seu neto Huscheng, filho do querido Siamek, dizendo-lhe:

— Huscheng, você deve partir para vingar a morte traiçoeira de seu pai e voltar com seu nome cheio de glória. Como já estou muito velho, em breve morrerei. Se levar nosso povo à vitória, o trono será seu.

— Vencerei nossos inimigos — assegurou o jovem.

Com desejo de vingança e incentivado pelas palavras do avô, Huscheng se aprontou para o combate. À frente de seu exército, partiu ao encontro de Div e seus exércitos.

Iniciada a batalha, Huscheng se lançou resolutamente contra Div, que fugiu acovardado. Porém, Huscheng conseguiu alcançá-lo e cortou-lhe a cabeça de um só golpe. Em seguida, cortou todo o corpo para que servisse de comida aos animais.

O inimigo ficou totalmente destruído e Siamek foi assim vingado. O velho Kaiumur podia morrer tranqüilo e satisfeito. Assim, pouco depois, a morte envolveu o velho imperador em seu manto de sombras e o levou ao mundo luminoso dos céus.

Após a morte de seu avô, Huscheng, justo e corajoso, subiu ao trono da Pérsia como imperador de todos os povos da Terra. Todos os seus súditos o louvavam, porque seu coração era íntegro e seu espírito estava cheio de sabedoria e prudência.

Certo dia, Huscheng subia pelo caminho íngreme de uma montanha em companhia de um criado. De repente a noite desceu e a escuridão apagou o caminho, escondendo os horríveis precipícios.

Subitamente, diante deles, apareceu uma serpente grande e negra como o inferno, cujos olhos brilhavam flamejantes como dois rios de sangue em sua enorme cabeça. A boca lançava uma fumaça fosforescente, que se elevava em nuvens espessas e amareladas, em meio a uma repulsiva baba.

À vista daquele terrível monstro, o criado começou a tremer e a gritar, implorando ao seu senhor que retrocedesse para não correr perigo. Mas o imperador Huscheng seguiu adiante, impávido, dizendo:

— Não tenha medo!

E assim dizendo, pegou uma pedra grande, chegou bem perto da serpente e arremessou-a com toda a força de seu poderoso braço. Pressentindo o perigo, o monstro se escondeu atrás de uma rocha, na beira de um precipício.

A pedra que o monarca lançou, em lugar de atingir a serpente, foi se chocar contra a rocha. No choque, saltou uma forte chispa que incendiou toda a mata ao redor.

E foi assim que se originou o fogo.

É verdade que a serpente escapou da morte, mas em troca, o fogo chegou até a Terra como um presente divino para os homens, brotando da rocha onde estava oculto.

O imperador Huscheng, ao ver aquele milagre, ajoelhou-se e agradeceu ao Eterno. Depois acendeu uma fogueira no alto da montanha e ordenou que todos os súditos fossem admirá-la e honrar o Céu e seu soberano.

A partir de então, na Pérsia, durante muitos séculos, celebrava-se naquele dia uma festa para comemorar o nascimento do fogo.

***

Tamuras foi um dos mais antigos imperadores da Pérsia. Era um jovem forte e valente que reinou há milhares de anos.

Certo dia, um ancião conhecido como um grande mago apresentou-se no palácio do imperador Tamuras vindo de terras muito distantes. Ele possuía uma enorme barba branca que lhe chegava aos joelhos, mas em seu rosto enrugado os olhos brilhavam como carvões acesos. Ao chegar na presença do Rei dos Reis, como era chamado o imperador da Pérsia, o ancião disse:

— Poderoso Senhor, para que atinja a completa perfeição apenas lhe falta o domínio de uma única ciência: a magia. Venho de muito longe e tenho andado noite e dia para instruí-lo nesta misteriosa ciência que muito poucos conhecem. E se quiser saber porque estou fazendo isto, é porque não me parece justo que um soberano tão sábio, destemido e justo, ignore as ciências ocultas, das quais sou um Mestre.

O imperador Tamuras agradeceu as palavras ao velho mago e logo se fechou com ele no aposento mais afastado de seu palácio. Permaneceram ali por sete dias e sete noites, sem permitir que ninguém entrasse naquele lugar.

Nunca se soube o que o mago disse ao jovem monarca. As artes e as palavras que lhe ensinou permaneceram para sempre como um grande mistério. No entanto, transcorridos os sete dias, o velho mago saiu do palácio e da cidade, levando ao ombro um saco cheio de pedras preciosas, como recompensa do imperador Tamuras.

O mago foi embora, mas deixou uma grande alegria no coração do imperador. Agora ele sabia tudo o que era possível um homem saber na Terra.

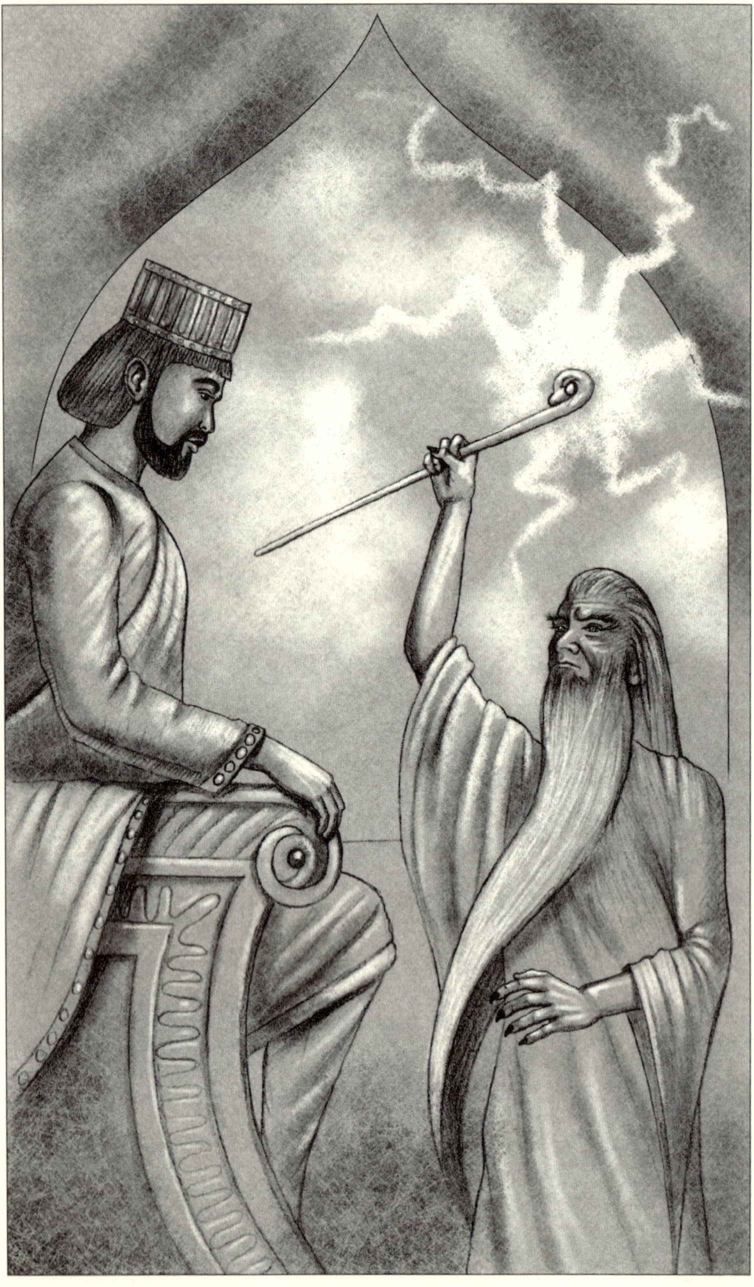

Sem dúvida, Tamuras era agora muito superior a todos os demais mortais e assim poderia vencer seus tradicionais inimigos, os Divs, que seus antepassados não tinham conseguido destruir.

Decidiu agir imediatamente. Ordenou a seus generais que preparassem um poderoso exército e se fechou sozinho em seus aposentos, onde pronunciou umas palavras misteriosas.

Subitamente, tornou-se invisível.

Com a rapidez de um raio, transportou-se ao interior do palácio de Arimã, o cruel deus dos Divs, e entrou na sala do trono. Invisível, acercou-se do monarca e pronunciou algumas palavras ao seu ouvido. Arimã também ficou invisível, desaparecendo da vista de todos, que ficaram atemorizados sem entender o que estava acontecendo.

Então o jovem rei Tamuras agarrou o malvado Arimã como se fosse um fardo e o conduziu ao seu reino voando pelos ares.

De volta ao palácio, levou o prisioneiro para a sala do trono e em meio à sua corte, acendeu uma fogueira com galhos de aloé e pétalas de rosas. No mesmo instante, nuvens de fumaça azulada se elevaram da fogueira. O rei Tamuras voltou a pronunciar palavras estranhas que imediatamente transformaram Arimã num belo cavalo, negro como azeviche. Diante do assombro de seus cortesãos, Tamuras disse:

— Vejo que gostaram deste esplêndido cavalo! Foi um presente e quero que cuidem dele de maneira especial, em meus estábulos, porque a partir de agora será meu cavalo favorito.

E assim, todas as manhãs o rei Tamuras era visto saindo do palácio, montado no soberbo cavalo negro, para cavalgar na planície.

Passado o prazo que havia dado a seus generais para preparar o exército, Tamuras, o Rei dos Reis, assumiu o comando das tropas e as conduziu ao país dos Divs onde reinava a desordem e a discórdia em conseqüência da ausência de seu comandante.

Os dois filhos de Arimã, demasiado jovens e inexperientes, tentavam em vão estabelecer a ordem. Por fim, desolados e impotentes, os príncipes pediram conselho ao chefe dos magos do reino. Depois de consultar seus livros sagrados, após observar os céus e queimar estranhas ervas, o mago disse:

— Amados príncipes, não há nada a fazer. Vosso pai está em poder do rei Tamuras, que o mantém prisioneiro com suas artes mágicas. Não é possível lutar contra o destino. O reino dos Divs deve terminar, assim como todas as coisas deste mundo.

No entanto, os dois jovens príncipes não se satisfizeram com esta resposta e longe de se conformar, decidiram se colocar à frente de seus exércitos para combater o soberano Tamuras. O embate foi terrível. No final, os dois príncipes caíram prisioneiros e suas tropas foram completamente destruídas.

Ao se encontrarem diante do vencedor, reduzidos à condição de escravos, inclinaram-se chorando e suplicando que lhes fosse concedida a liberdade, assim como a seu pai.

— Por favor, poderoso soberano Tamuras! — imploraram. Devolva nosso pai! Nada terá a temer, pois já está muito velho. Deixe que ele passe seus últimos dias em liberdade, com o carinho de seus filhos. Em troca de sua liberdade e da nossa, revelaremos um segredo que tornará a Pérsia grande e ilustre através de todos os séculos vindouros. Conceda o que pedimos e não se arrependerá.

O rei Tamuras acedeu às súplicas dos príncipes e ordenou que trouxessem o cavalo negro. Tocando-o com seu cetro de ouro, murmurou algumas palavras mágicas que ninguém entendeu. Arimã recuperou a forma humana e seus filhos, livres das correntes, puderam abraçá-lo. E então, os três choraram sem parar ao ver sua triste sorte.

Fiéis à sua promessa, os príncipes Divs revelaram a Tamuras a até então desconhecida arte da escritura. A partir daí, os Persas tornaram-se conhecidos por sua sabedoria e difundiram sua ciência por todo o mundo.

***

Arimã e seu povo, no entanto, não se resignaram com a derrota sofrida. Em silêncio preparavam-se para se vingar do nobre Tamuras tão logo tivessem uma oportunidade.

— Hei de vingar-me de quem tanto me humilhou — dizia o cruel Arimã.

E com o coração transbordando de rancor e inveja, ele e seus filhos foram viver em uma gruta da montanha, apartados do mundo, para preparar a terrível vingança contra as forças do Bem.

Geser, o Herói da Mongólia

LENDA DA MONGÓLIA

MONGÓLIA

A Mongólia é um país do tamanho do estado do Amazonas (1.560.000 km2), com dois milhões e meio de habitantes, situado entre a China e a Rússia. As baixas temperaturas durante quase todo o ano e as grandes extensões de estepes determinam a principal atividade econômica — a pecuária. A região sempre foi ocupada por várias tribos nômades, dentre elas, os hunos, que ali se estabeleceram. No século XII, as tribos mongóis foram unificadas pelo líder Gengis Khan, que estabeleceu um esplendoroso império. Nesta época, a Mongólia era um dos mais poderosos estados do mundo, por onde cruzavam as rotas do comércio mundial, centralizando as relações políticas. No século XVI foram conquistados e dominados pela tribo da vizinha Manchúria. Durante três séculos, até o fim do século XX, os mongóis ficaram isolados do mundo. Em 1921, a Mongólia se tornou finalmente uma república monárquica, e em 1924 adotou uma república de estilo soviético. Em 1980, a criação de partidos democráticos e liberais levou a uma revolução democrática que mudou o sistema político do país. A cultura mongólica era mantida através da tradição oral. Em volta do fogo aceso no centro dos "gher" circulares, contavam-se as histórias, repetindo frequentemente algumas passagens mais importantes. Esta característica de repetição pode ser encontrada ainda nas narrativas épicas como o Geser.

Na Mongólia conta-se que no início dos tempos, Sumber, a grande montanha do mundo, possuía suas raízes enterradas no centro da Terra e seu cume encostava no Céu. O negro e majestoso lago Baikhal não passava de uma pequena lagoa.

Naquela época, havia um mundo superior que ficava encoberto atrás das nuvens. Ali se encontravam as terras do oeste, onde reinavam os espíritos liderados por Hormasta. Nas terras do leste reinavam os espíritos liderados por Ulaan. Separando esses dois domínios estendia-se a terra do Grande Espírito do Gelo Azul.

Na Terra, por vontade dos céus, um grande lobo azul havia encontrado uma corça, dócil e fértil. Juntos, os dois animais viajaram longo tempo pelas estepes. Um dia, às margens do grande lago Baikhal, nasceu seu primeiro filho, que foi o primeiro ser humano da raça mongólica.

No mundo superior, Hormasta e Ulaan viveram em paz dentro do limite de suas terras durante muitos e muitos séculos, até que um dia resolveram tomar posse das terras do Grande Espírito do Gelo Azul. E por coincidência se encontraram no meio da imensidão gelada.

— "Quem lhe deu o direito de vir até aqui?" — perguntou Ulaan.

— "O mesmo direito que o fez vir até aqui" — retrucou Hormasta.

E assim começou uma discussão, um conflito que logo se transformou numa terrível luta entre os dois líderes dos espíritos.

Hormasta, o espírito do oeste, foi o vencedor daquela batalha. Depois de esmagar Ulaan, cortou-o em pedaços que arremessou no espaço. Os restos de Ulaan chegaram à Terra e se transformaram em espíritos malignos e nas enfermidades que acometeram a raça humana que aí vivia.

O povo da Terra era governado por três irmãos: Sargal, Segelen e Zutan. A vida de todos transcorria tranqüilamente até que começaram a aparecer os maus espíritos. Sob as mais estranhas formas, eles provocaram a devastação na vida da Terra. As águas ficaram poluídas e os animais adoeceram com pragas e micróbios. As plantas murcharam, os seres humanos e os animais começaram a morrer de fome.

Os três irmãos, preocupados com o destino da humanidade, pediram ajuda à xamã Shara. Ela concordou em ajudá-los. Pegou seus instrumentos para falar com os espíritos e foi para a estepe gelada. Ali, acendeu uma fogueira, para limpar o ar e a terra em volta. Depois, tocou seu tambor durante muito tempo e cantou uma longa invocação ao espírito superior, pedindo para aliviar o sofrimento do mundo.

Seu pedido de ajuda foi aceito e Shara voou para o Céu, até a morada da Mãe de Todos os Espíritos.

— "Grande Mãe de Todos os Espíritos, aqui está meu espelho mágico. Através dele poderás ver o sofrimento em que se encontram mergulhados os homens e animais do mundo inferior. Se assim continuar, em breve todos os seres desaparecerão da face da Terra."

Compadecida do povo da Terra, a Mãe de Todos os Espíritos convocou Hormasta, o espírito do oeste, para que juntos decidissem o que fazer para salvar a humanidade.

— "Tenho três filhos", disse Hormasta, "um deles tomará a forma humana e descerá à Terra para livrar a humanidade de todos os monstros e seres malignos. Meu amado filho do meio, Bukhe Beligte, receberá a missão de salvar o povo da Terra."

Depois que esta decisão foi tomada no mundo superior, Sargal, o mais velho dos irmãos governantes da Terra, teve um sonho que contou a seus irmãos:

— "Sonhei com uma cotovia que cantava ao norte da montanha Sumber. A cotovia é uma ave que pertence aos espíritos do mundo superior. Será que seu canto é um sinal de que um deles descerá à Terra para nos salvar de todos os males?"

No mesmo dia, Zutan, o irmão mais novo, estava caçando na floresta quando viu uma cotovia pousar numa pedra e se transformar na mais bela das donzelas. Ela era Naran, a filha do espírito do sol. Zutan tomou-a pela mão e levou-a para casa para apresentá-la a seus irmãos. Sargal, o mais velho, depois de contemplá-la longamente disse:

— "Vamos casá-la com Segelen, nosso irmão do meio. Mas, apesar de ter tomado a forma humana, este espírito assim tão formoso deve se transformar numa mulher comum."

E assim, para destruir sua figura angelical, os três irmãos desfiguraram o rosto e arranharam seus braços e pernas até que ela deixou de ser bonita.

Depois disto, Segelen e Naran se casaram e foram mandados para o exílio numa terra longínqua. Lá viveram completamente isolados numa cabana enfumaçada, onde ficava aceso o fogo da vida. Não possuíam absolutamente nada, nem víveres ou propriedades, nem sequer um animal para ajudá-los. Sobreviveram colhendo alhos e cebolas silvestres, pescando com uma pequena rede e pegando coelhos com armadilhas.

Segelen já tinha setenta anos e Naran sessenta, quando certa noite, dormindo dentro da cabana ela foi despertada subitamente. Viu as cobertas de sua cama se levantarem sozinhas e ouviu os passos de um homem que se afastava. Porém não enxergou ninguém. Ao olhar para seu corpo, reparou que todas as cicatrizes que a deformavam haviam desaparecido. Naquela noite, ela ficou grávida e o casal muito se alegrou ao saber que teriam um filho, que esperaram com muita ansiedade.

Finalmente chegou o dia do nascimento.

Ficaram espantados quando, mal acabado o parto, o recém-nascido levantou o braço direito como se fosse bater em alguém, dobrou a perna esquerda e olhou para os pais com o olho direito arregalado e o esquerdo enviesado.

Para surpresa de seus pais, o bebê proferiu estas palavras:

— "Levanto minha mão direita para mostrar que golpearei meus inimigos. Dobro minha perna esquerda para mostrar que expulsarei meus inimigos. Com este olho direito arregalado verei sempre o bom caminho. Com este olho esquerdo vesgo enxergarei sempre por detrás da falsidade."

Foi assim que Bukhe Beligte, o amado filho do meio de Hormasta, nasceu como homem nesta Terra.

O bebê Beligte estava ainda em seu berço, quando os maus espíritos, seus inimigos, inteiraram-se de sua chegada. Eles viviam numa desolada clareira da floresta, um lugar árido e sem sol, onde as plantas haviam definhado. Reuniram-se todos para decidir como matar o recém-nascido que viera ao mundo para desafiá-los.

Assim, enviaram uma ratazana gigante, com um focinho de ferro, para devorar Beligte ainda no berço. O pequeno bebê, no entanto, não se intimou, arrancou um fio da pele de carneiro que o cobria e o transformou num açoite com dezoito chicotes. Com ele, golpeou a ratazana até reduzi-la a noventa pedaços.

Em seguida, os maus espíritos enviaram um corvo, negro como a noite, com garras e bico de ferro. O bebê esperneou e levantou a mãozinha esmagando o corvo, que se transformou em massa sem forma. Depois, arremessou o bico e as garras de volta à clareira da floresta dos espíritos maus, para que soubessem que tinham sido derrotados mais uma vez.

Os inimigos, com muita raiva, enviaram um mosquito gigante tão grande quanto um cavalo. O bebê transformou um pêlo de carneiro num chicote vermelho e golpeou o mosquito com força descomunal, dizendo: "Serás sempre faminto e condenado a voar no meio do mato". O mosquito gigante se converteu numa nuvem de pequenos mosquitos e minúsculos insetos.

Vendo que os três monstros tinham sido destruídos, os inimigos de Beligte fizeram nova reunião com novecentos monstros e novecentos maus espíritos. Disseram a seu líder:

— "Ó poderoso, um mago disfarçado de menino foi enviado à Terra pela vontade do Grande Espírito do oeste. Para que possamos sobreviver é preciso matá-lo. Mais do que isso, precisamos destruí-lo, esmagá-lo completamente."

Ficou acertado que o líder dos demônios viajaria até a casa do bebê Beligte, com a missão de exterminá-lo. Ao chegar no limite das terras de Segelen, ele se transformou e tomou a aparência de um xamã. De acordo com os costumes locais, um xamã era sempre bem vindo e podia pedir hospedagem pelo tempo que quisesse.

Assim, ele entrou na casa de Segelen, dizendo:

— "Sou um xamã e estou chegando de uma longa viagem. Soube que vocês tiveram um filho recentemente e vim aqui para ajudá-los e protegê-los."

Neste momento, o bebê começou a chorar em altos brados. O xamã disse que achava que o menino estava doente e foi se aproximando do berço. Quando já estava bem perto, transformou-se no horrível monstro que era na realidade. Escancarou a boca cheia de enormes presas de ferro, gritando:

— "Vou cortar sua vida e levar sua alma!"

O bebê, que já estava esperando por isto, agarrou o focinho de ferro do monstro e chutou seu pescoço. A cabeça horrenda deu uma volta completa, virou para o outro lado e caiu no chão. O pequeno herói havia vencido.

A cada dia que passava, Beligte crescia e ficava mais forte. Crescia em um dia o que as outras crianças crescem em um ano. No início, dormia embrulhado numa pele de carneiro, mas logo tiveram que embrulhá-lo numa pele de búfalo. Seus pais estavam orgulhosos por terem sido contemplados com um filho tão especial, que antes de completar quatro anos já havia derrotado quatro inimigos.

Como a maioria dos heróis, Beligte passou os primeiros anos de sua vida numa casa pobre, vestido com trapos miseráveis, em lugar dos brocados e das sedas que deveriam caracterizar sua nobre origem.

Um dia, Sargal, o tio mais velho do menino, foi visitar o irmão Segelen. Ao ver a penúria em que viviam naquela terra isolada, arrependeu-se de tê-los condenado ao exílio. No entanto, ficou muito contente ao ver que tinham um filho tão vigoroso e forte. Sargal quis logo adotar aquela criança que parecia ter o caráter de um herói.

— "Deixem-me levá-lo para minha casa. Lá ele vai brincar e crescer com meus dois filhos!", disse Sargal.

Os pais de Beligte concordaram e Sargal liberou seu irmão do exílio. Segelen e Naran foram viver no mundo superior.

Aquela criança, que no futuro se tornaria Geser, não era um menino comum e trazia muitas complicações para seus pais adotivos. As fraldas nunca conseguiam conter sua urina que era tão grande quanto um rio. O cheiro das fezes era insuportavelmente forte. E por viver correndo descalço, o nariz estava sempre escorrendo em grande quantidade.

Quando Sargal voltou para casa com o sobrinho, organizou uma grande festa e convidou os amigos e parentes para celebrar sua chegada. No meio dos festejos, reuniu os convidados e disse:

— "Meu sobrinho ainda não tem um nome. Quem encontrar um bom nome para ele, receberá uma porção de gordura do tamanho de sua cabeça e uma quantidade de carne tão grande quanto um chapéu que cobre toda a cabeça."

Foram dadas várias sugestões mas nenhuma agradou a Sargal, até que no meio da multidão apareceu um velhinho apoiado numa bengala, que disse:

— Ele está sujo e suado, com o nariz escorrendo, porque não chamá-lo de Nuhata Nurgai, o Cara Suja?

Todos riram e Sargal abraçou afetuosamente o velhinho. A partir de então, Nuhata Nurgai, o Cara Suja, passou a ser o guardador dos rebanhos do tio.

Os dois filhos de Sargal não davam sossego a Nuhata Nurgai. Viviam o tempo todo testando sua força física e a rapidez de sua inteligência. Como ele sempre se saía muito bem de todos os testes, Sargal teve a certeza de que ele era mesmo uma pessoa destinada a enfrentar os monstros e os seres malignos da Terra.

Naquele tempo, o chefe do povo das terras do noroeste queria casar sua linda filha Temeen. Ele anunciou que a daria em casamento ao homem que fosse capaz de vencer três provas de demonstração de força.

De toda a parte e de diferentes povos chegaram bravos e garbosos guerreiros para disputar o torneio de força e ganhar a mão de Temeen. Nuhata Nurgai também foi, vestindo suas roupas velhas e sujas, e montando um arredio potro de dois anos de idade.

Quando começaram os torneios, ele venceu todas as provas. Primeiro levantou uma rocha imensa e arremessou-a com tanta força que a transformou em milhares de pedrinhas. Depois, arrancou da terra um pinheiro gigantesco e o arremessou com tanta rapidez que o transformou em milhares de lascas de madeira. Em seguida, arrancou um arbusto e arremessou-o a uma tal distância que ninguém mais o viu. Dentre os competidores derrotados estava seu primo, filho de seu tio Zutan, que daquele dia em diante passou a sentir raiva do sobrinho.

Vitorioso, Nuhata Nurgai levou Temeen para casa, como sua mulher. Pouco tempo depois, ele partiu novamente para outras viagens, ainda montado no tímido potro e armado com arco e setas feitas de um galho de salgueiro.

Andou pelo mundo até chegar a um país onde seu

governante estava prometendo a filha em casamento a quem conseguisse vencer um guerreiro gigante.

O gigante tinha uma voz estrondosa, um corpo forte e negro, e um peito tão largo quanto o mar. Vestia uma armadura de ferro forjado e montava um grande cavalo peludo. Sua arma era um formidável arco de madeira com setas gigantescas.

Nuhata Nurgai não se intimidou e enganou o gigante com a rapidez de sua mente, derrotando-o com a poderosa força de seu corpo. Vencendo a competição, levou para casa Jargalaan, a filha do governante, como sua segunda mulher.

Com suas duas mulheres, Nuhata Nurgai viveu na mais extrema pobreza durante algum tempo. Insatisfeitas, as duas viviam se queixando de que tinham se casado com um homem muito jovem, quase um menino, e muito pobre. Diziam que ele nunca ficava com elas e que lhes proporcionava uma vida muito difícil, diferente da vida que tinham conhecido como filhas de governantes. De fato, Nuhata Nurgai saía todas as noites e só voltava para casa ao amanhecer.

Uma noite, ele subiu até o cume da montanha Sumber, onde fez um ritual em honra de Hormasta, o espírito que era seu pai. Naquele momento, readquiriu sua verdadeira aparência como Bukhe Beligte. No lugar do corpo emporcalhado e miserável do menino de cara suja, surgiu um guerreiro corpulento e robusto, com poderosos punhos negros. Dentes brancos e olhos multicolores brilhavam no rosto forte e bronzeado, emoldurado por uma vasta cabeleira negra de dois metros de comprimento.

Do mundo superior, Hormasta contemplou seu filho no cume da montanha. Decidiu que era hora de devolver suas armas de guerreiro que lhe pertenceram antes do nascimento na Terra. Enviou-as junto com Beligen, um maravilhoso cavalo alado, com cascos que nunca deslizavam, pernas que eram imunes ao frio e cuja formidável crina era grossa como vários troncos de árvores. Quando Beligen desceu do Céu, a montanha flamejou sob seus cascos que faiscavam a cada passo e iluminou-se com a luz de seus olhos brilhantes.

O guerreiro, agora com o nome de Geser, tomou as rédeas vermelhas do cavalo, pisou no estribo e sentou-se na sela de prata. Montado em Beligen, ele percorreu o mundo e viu as sete nações, galopando entre o Céu e a Terra como uma águia através das nuvens.

Voltando para casa, Geser encontrou trinta e três guerreiros, três mil e noventa soldados, e trezentos capitães que seriam o seu exército. Estava pronto para cumprir a missão que o trouxera ao mundo: matar os monstros e acabar com os maus espíritos, para devolver a vida e a alegria a todos os povos e seres viventes.

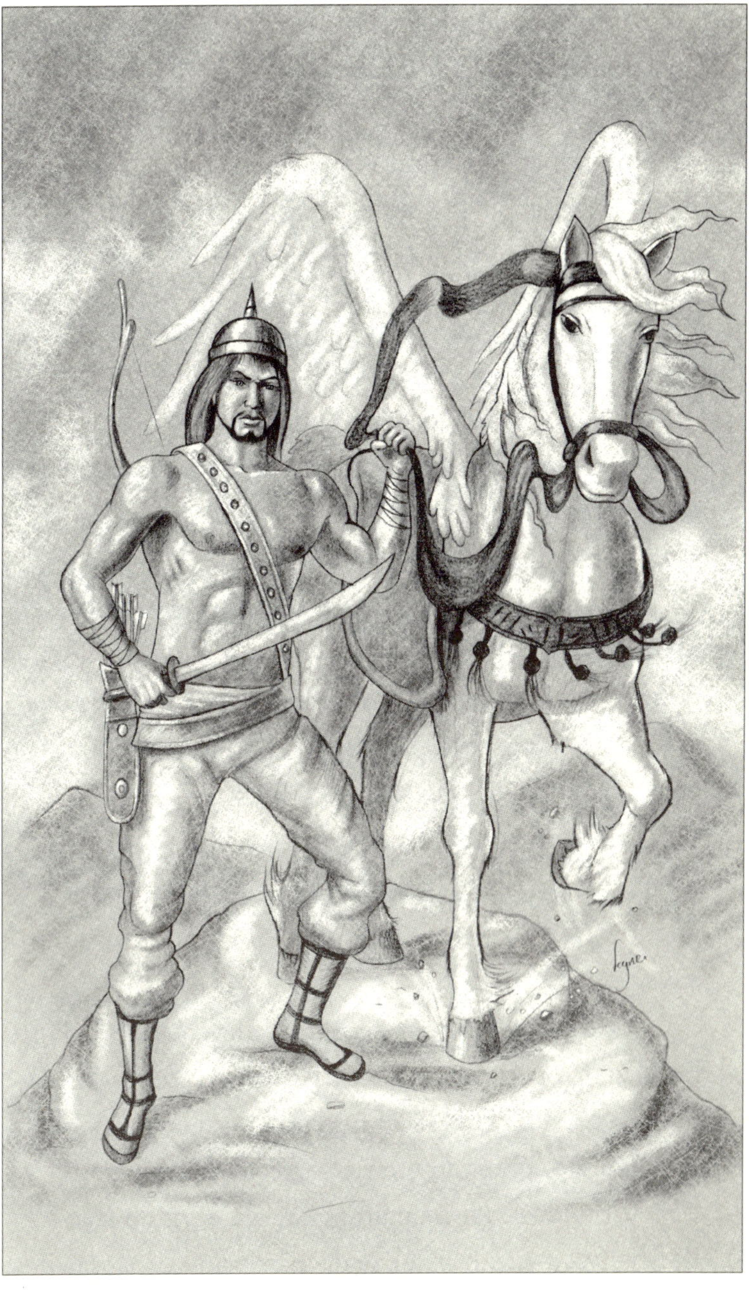

Seus pais, Segelen e Naran, ficaram exultantes ao saber que haviam dado a vida a um tal herói. Suas duas esposas ficaram finalmente satisfeitas ao ver que tinham se casado com tão belo guerreiro.

Geser levou sua família para as margens do grande lago negro, o lago Baikhal, onde viveram felizes durante três anos e três dias.

***

Um dia, ele disse à sua família:

— "Estou ficando cansado de comer carne de gado, sinto vontade de comer carne de caça. Vou para as montanhas caçar."

Assim dizendo, partiu em direção às montanhas, onde por três dias não conseguiu caçar. No quarto dia, avistou um gamo que corria pela floresta e foi atrás dele. De repente, apareceu outro caçador montado num cavalo alazão e atirou uma seta acertando o animal, antes que Geser tivesse esboçado um gesto. Rapidamente o jovem caçador apeou, agarrou o cervo morto e amarrando-o ao cavalo, partiu a galope.

Geser ficou furioso e gritou para o jovem, que não lhe deu importância e continuou galopando. Geser não queria voltar para casa sem o gamo e fustigou Beligen com ímpeto, partindo em perseguição ao caçador.

Quando se aproximaram das margens do lago Baikhal, o rapaz e seu cavalo pareciam já cansados; mergulharam sem medo nas águas do lago e desapareceram.

Geser amarrou seu cavalo numa árvore e também entrou nas águas do lago, equilibrando-se com sua lança. Descobriu então que havia encontrado a entrada do reino de Uha Loson, o chefe dos espíritos das águas. O cavaleiro do alazão era nada mais do que sua filha, que tinha se disfarçado de rapaz quando encontrou Geser nas montanhas.

Ele foi até Uha Loson, anunciando quem era e foi apresentado a sua filha Alma Mergen, o jovem caçador disfarçado. Uha Loson tinha sido amigo de Hormasta, pai de Geser, quando ambos eram jovens. Naquela época, tinham feito um pacto de casar seus filhos Bukhe Beligte e Alma Mergen quando chegassem na idade de casamento. Assim, de acordo com o combinado, Alma Mergen se tornou a terceira mulher de Geser.

Depois dos dez dias de festejos pelo casamento, Geser anunciou sua intenção de voltar para suas terras. Alma Mergen, que não queria deixar seu país, colocou às escondidas uma espécie de droga na comida do marido e ele esqueceu toda a sua vida anterior.

Com a mente completamente vazia, Geser não se lembrava mais de seu pai, de sua família, de onde vinha ou para onde ia; tinha esquecido até mesmo quem era. Pouco tempo depois Alma Mergen ficou grávida e deu à luz a uma filha.

Os dias e os meses se transformaram em anos, e Geser continuava desmemoriado, sem se lembrar de nada, apenas tomando conta do gado de seu sogro. Amarrado na beira do lago, seu cavalo Beligen tinha virado pele e osso e já não conseguia mais ficar em pé.

Um dia, Hormasta, o espírito do oeste no mundo superior, olhou para a Terra e disse admirado:

— "Faz muito tempo que não tenho notícias de Geser e nunca mais o vi cavalgando Beligen."

Decidiu enviar à Terra as três irmãs mais velhas de Bukhe Beligte para descobrir o que estava acontecendo.

Depois de percorrer muitos países, as três irmãs acabaram chegando às terras de Uha Loson e encontraram Geser completamente enfeitiçado.

Colocaram-se na frente dele e cada uma deu uma bofetada na face direita de Geser que fez com que ele vomitasse uma coisa escura. Depois, cada uma delas deu outra bofetada no lado esquerdo e ele vomitou o resto da droga que tinha roubado sua memória. Então elas untaram o corpo do irmão com óleo de pinheiros e derramaram sobre ele as águas de uma nascente. Geser voltou ao normal e imediatamente saiu para caçar, voltando com um alce.

Atirou a carcaça aos pés de seu sogro e declarou:

— "Não se deve caçar forasteiros com rede encantada e não se deve esconder convidados dentro de sacos de pele de alces."

Assim dizendo foi embora, levando Alma Mergen e suas duas filhas. Chegou às margens do lago quando já havia anoitecido, procurando seu cavalo Beligen. Ao encontrá-lo, viu que o animal mal conseguia se manter vivo. Abraçou-o, feliz pelo reencontro, e o cavalo baio recobrou suas forças.

Ao chegar em suas terras à beira do belo lago negro, Geser construiu uma casa para cada uma de suas três mulheres. Com o coração transbordante de felicidade, perguntava a cada uma delas:

— "O que é mais belo, o sol brilhando nos céus ou a minha querida Teneen?"

— "O que é mais belo, o sol brilhando nos céus ou a minha querida Jargalaan?"

— "O que é mais belo, o sol brilhando nos céus ou a minha querida Alma Mergen?"

E assim, ele viveu feliz por três anos e três dias.

***

A cabeça de Ulaan, o espírito do leste, esmagada e estraçalhada no combate com Hormasta, o espírito do oeste, tinha se transformado no monstro Chotgor, que viajou entre o Céu e a Terra, espalhando ódio e maldição.

Como estava perto das margens do Lago Baikhal, nas terras de Geser, Chotgor resolveu se esconder para pegá-lo. Ao ver passar um homem, atirou-se sobre ele. Só que não era Geser e sim seu tio mais novo, Zutan. Embora Zutan temesse a força do sobrinho, ele tinha o coração envenenado de raiva desde que seu filho fora derrotado no torneio para conquistar a mão de Jargalaan.

Zutan ficou com muito medo quando viu o monstro Chotgor em cima dele. Para se salvar, prometeu que faria qualquer coisa, que quebraria o arco e as flechas de Geser e que se apossaria de suas mulheres.

O monstro aceitou e Zutan entrou na casa de Geser tarde da noite, quebrou as pontas das flechas, cortou o fio do arco, quebrou a espada e amassou a ponta da lança.

Geser despertou com o barulho e, apesar de desarmado, enfrentou e venceu o monstro Chotgor.

Ao ver aquilo, Zutan pediu perdão ao sobrinho, jurando que nunca mais iria traí-lo. Geser amava seu tio e o perdoou, permitindo que voltasse para casa.

Em outro canto do mundo, mais um monstro começava a espalhar o terror pelas terras de Ganga Khan. Era uma criatura horrenda que se originou da primeira vértebra do pescoço de Ulaan e também vinha das terras desoladas e sem sol onde viviam os maus espíritos. Como uma chama viva, o monstro incendiava tudo por onde pisava.

Ganga Khan pediu ajuda a Geser. Ele enviou seu melhor guerreiro, Zoodoi, que cavalgou por muito tempo sem conseguir encontrar o monstro. O inverno se transformou em primavera, a neve se transformou em água pelas estradas e os pássaros começaram a cantar. No verão, o guerreiro tirou o casaco para cavalgar. Quando a neve apareceu novamente e as gralhas soltaram seu canto, ele vestiu novamente seu casaco de pele de raposa e decidiu voltar para as terras de Geser.

Ali chegando, pediu ajuda ao líder, pois não conseguira cumprir sua missão. Geser consultou seu livro de ouro, o livro xamânico de adivinhação, para saber o que fazer.

Disse então que Zoodoi encontraria e lutaria com o monstro dentro de nove anos.

— "Porque tenho que esperar tanto tempo?" perguntou revoltado o guerreiro Zoodoi.

Geser não se admirou com esta reação, mas os outros trinta e dois guerreiros não gostaram da resposta de Zoodoi. Pediram a Geser que se aconselhasse com seu tio Sargal, que respondeu sem demora ao chamado. Considerando a frustração do guerreiro, Sargal declarou:

— "Você deve ajudar esta pobre gente a tirar o melhor proveito de suas habilidades. Um guerreiro precisa lutar, não pode esperar!"

Concordando com o tio, Geser ordenou:

— "Apertem o que está solto e consertem o que está quebrado. Preparam-se porque vamos partir para guerrear!"

Geser aprontou seu cavalo Beligen com uma forte sela e arreios protetores. Também se preparou, vestindo calças feitas com pele de setenta cervos e botas pretas feitas com pele de peixe. Por baixo do casaco forrado de pele de ovelhas, colocou uma camisa de discos de ferro e por cima pendurou o arco negro e a aljava com setas. Por fim, colocou o chapéu de pele de marta e preparou comida para dez anos. Montado em Beligen, Geser partiu para a guerra, seguido por seus trinta e três guerreiros.

Durante o caminho, avistaram uma árvore de oração, que crescia numa passagem entre as montanhas. Naquele momento, a borla vermelha de um chapéu apareceu flutuando no ar por um instante, e desapareceu logo depois por trás das montanhas. Decidiram que aquilo era um sinal e seguiram naquela direção.

Geser e seus guerreiros foram ao encontro do monstro Khalan na imensidão deserta e escura de suas terras. Começaram a lutar, porém Khalan era muito mais forte do que Geser, que foi dominado e estava prestes a ser derrotado.

No mundo superior, Zasa Mergen, o irmão

mais velho de Buhke Beligte, o Geser, viu o que estava acontecendo e desceu ao campo de batalha para ajudar o irmão. Como não queria se envolver diretamente na luta, pegou um gigantesco pedaço de rocha e atirou em Khalan no momento em que este pisava o peito de Geser, pronto para matá-lo. Ao ouvir o silvo da pedra que parecia um trovão, Khalan pulou para o lado e a rocha estatelou-se em sua cabeça, esmagando-a completamente.

Geser foi até a casa de seu inimigo, onde estava sua mulher, que era diabolicamente feia. Com a espada cortou-a em pedacinhos e de dentro de suas entranhas espirrou um bebê monstruoso, feito do ferro mais negro, que caiu no chão e começou a gritar:

— "Ó Geser, detestável inimigo do norte, meus chifres ainda não nasceram senão eu lutaria com você!"

Por ser de ferro, o monstrinho não podia ser cortado com a espada. Geser chamou setenta e sete ferreiros do Céu para triturá-lo com setenta e sete martelos. Só quando ele foi reduzido a pedaços do tamanho de ovos de piolho, é que a vida abandonou o bebê maléfico.

Tendo derrotado este poderoso inimigo, Geser voltou para casa. Com o tempo, a fama de Geser como herói se espalhou no meio do povo, que dizia que ninguém tinha mais força do que ele. E assim, ele viveu feliz por três anos e três dias.

***

Um dia, Geser disse:

— "Estou cansado de comer carne de gado, sinto falta de uma boa carne selvagem, uma carne de gamo".

E assim dizendo, saiu para caçar. Quando chegou ao seu lugar favorito de caça, encontrou Lobsongodoi, que viajara da terra dos monstros para caçar ali também.

Geser o agarrou e lhe deu tantos golpes que o monstro caiu quase morto. Lobsongodoi ficou ali por três dias, afundado no pântano, até que conseguiu rastejar de volta para seus áridos domínios. Sentindo o ódio crescer dentro do peito, foi até a casa de sua irmã mais velha e explicou porque estava ferido. Pediu sua ajuda para derrotar Geser.

Ela pediu que Lobsongodoi descalçasse sua meia direita, que transformou em uma cópia idêntica da tigela de prata da avó de Geser, dizendo:

— "Pronto! Aqui está a ajuda que me pediu!"

Com os poderes mágicos que tinha obtido das Plêiades e de certas ervas, Lobsongodoi pôde se transformar e entrar furtivamente nas terras de Geser, onde se apresentou como um velhinho enviado pelo espírito em uma missão. Acampou ao pé da montanha e começou a fazer um ritual.

Urmai, a quarta mulher de Geser, acabou se inteirando das atividades do velhinho. Contou a seu marido que aquele ritual iria lhes trazer sorte e o convenceu a visitar Lobsongodoi.

Quando Geser chegou no acampamento e se aproximou do velhinho, este arremessou a tigela de prata em sua cabeça. Com o golpe, Geser desmaiou e foi transformado numa velha mula.

Retomando sua aparência monstruosa, Lobsongodoi raptou Urmai e cavalgou de volta para sua casa montado nas costas de Geser transformado em mula.

Chegando em seus áridos domínios, fez de Urmai sua mulher. Colocou um cabresto de ferro na mula e a espancou com um chicote até que apareceram os ossos, enquanto ria de sua vingança diabólica.

Quando os espíritos do oeste viram aquele terrível desastre, ficaram muito preocupados. O irmão de Beligte, Zasa, desceu do mundo superior e tentou entrar nos domínios dos demônios, mas não conseguiu. Pensou muito e chegou à conclusão de que a única pessoa capaz de salvar Geser seria sua terceira mulher, Alma Mergen.

Depois de se inteirar do plano, Alma Mergen iniciou a longa e perigosa jornada até a terra dos monstros. Chegando aos domínios de Lobsongodoi, ela se transformou numa cotovia e voou o resto do caminho.

Aterrizou na casa da irmã de Lobsongodoi para espioná-la e viu que ela tinha adormecido na beira

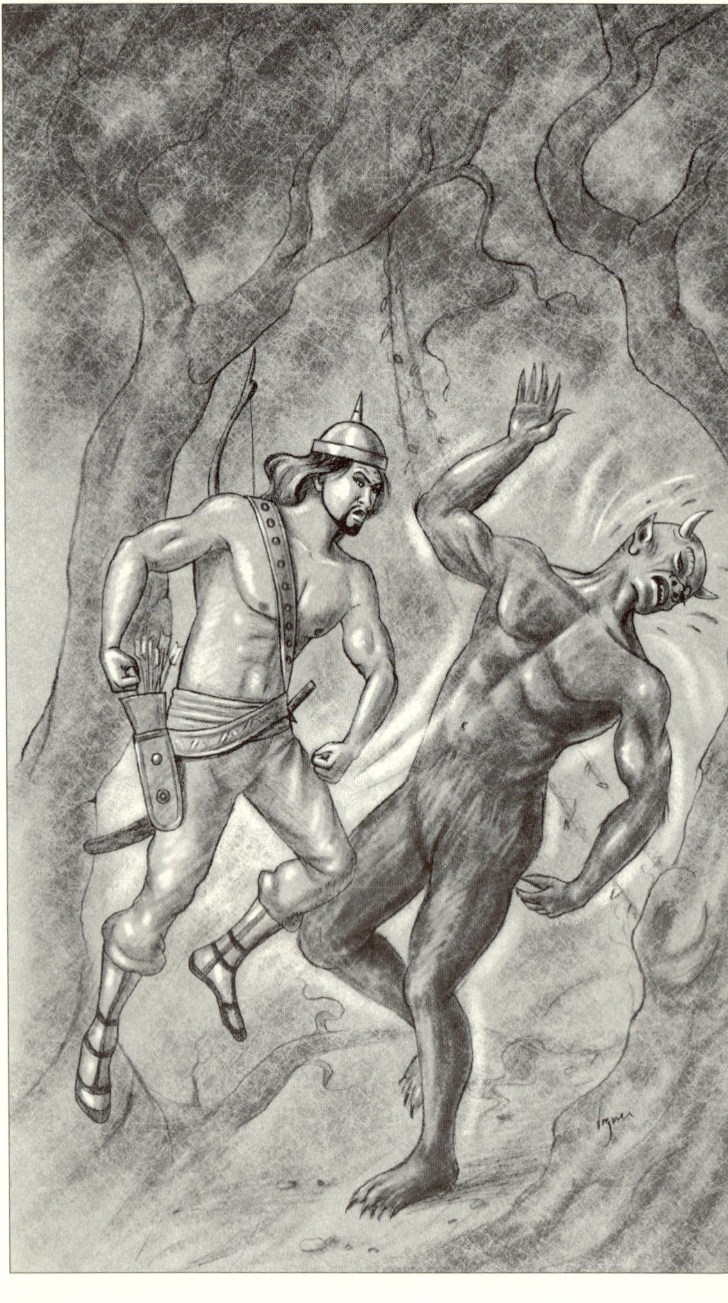

do lago. Alma Mergen matou-a ali mesmo e tomou sua aparência para visitar Lobsongodoi.

O monstro até que ficou desconfiado daquela inesperada visita da irmã, mas mesmo assim Alma Mergen conseguiu enganá-lo. Roubou a mula que era Geser, e durante três dias limpou-a com as águas de nove diferentes nascentes até que ela retornou à sua forma original.

Recobrando sua força de guerreiro, Geser decidiu libertar sua mulher Urmai. Com o coração cheio de raiva, ele enfrentou Lobsongodoi e lutou ferozmente até derrotá-lo. Geser agarrou a montanha do sul e a colocou sobre o peito do monstro e a montanha do norte sobre seu ventre.

Desta forma ele não morreria. Guardas armados permaneceram tomando conta da cabeça e dos pés que ficaram do lado de fora. Durante o inverno, o monstro foi pisoteado por centenas de cavalos e ainda assim, quando chegou o ano novo, Lobsongodoi tentou se libertar.

Os guardas então retalharam sua cabeça até que ele sossegou.

Depois de libertar Urmai, que era bela como o sol poente, do domínio de seu inimigo, Geser voltou feliz para sua bela terra.

E viveram felizes durante três anos e três dias.

***

Quando Hormasta matou e despedaçou Ulaan, este possuía três filhos, que viviam às margens do rio Amarelo, de onde eram os governantes.

O mais velho dos governantes do rio Amarelo estava em busca de uma esposa para seu filho. Para isso lançou aos ares um falcão e um corvo com a ordem de voar três vezes em volta do mundo inteiro para descobrir o lugar onde se encontravam as mais belas mulheres. Voltando de sua missão, as aves declararam:

— "Não existe no mundo mulher mais bela do que Urmai, esposa de Geser!"

Para verificar se isto era verdade, os três governantes do rio Amarelo usaram suas artes mágicas para criar um monstro: misturaram ouro e prata, ferro e areia, e criaram um pássaro negro gigante, tão grande quanto a Terra.

Estenderam suas asas e nele implantaram ar e vida, alimentando-o com carne de cavalos, gado e camelos. Quando ficou satisfeito, o pássaro voou para os céus. Deu três voltas pelo mundo inteiro e quando voltou para casa estava faminto novamente. Como não encontrou gado ou cavalo para comer, ele devorou um dos guerreiros dos governantes.

Depois então declarou:

— "Na terra das cotovias, na casa dos Geser, mora Urmai. Não existe no mundo mulher mais bela do que ela!"

Dizendo isso, o horrendo pássaro gigante voou para a terra do inverno eterno, às margens do oceano eternamente gelado e adormeceu.

Os três governantes do rio Amarelo decidiram que não podiam manter vivo aquele monstro que se alimentava de carne humana.

Enviaram um dos filhos até as praias do oceano gelado onde dormia a ave gigante. O jovem prendeu todo o corpo do pássaro com uma corda de muitos metros de comprimento e o empurrou para dentro de um buraco no gelo para afogá-lo.

Os três governantes do rio Amarelo decidiram invadir as terras do eterno lago negro e raptar Urmai. Reuniram um poderoso exército de terríveis guerreiros, tão altos quanto as árvores de uma floresta, tão selvagens quanto as águas das enchentes e tão numerosos quanto um enxame de formigas. Quando marchavam, sua respiração era mais forte do que o vento entre as montanhas geladas.

Naquele momento, Geser estava caçando. Seus trinta e três guerreiros não tiveram tempo de avisá-lo e se lançaram bravamente ao combate, liderados por Sargal, o tio mais velho de Geser.

A luta foi terrível e apesar de fazerem muitos prisioneiros, a sorte não parecia estar ao lado do exército de Geser. Zutan, o tio mais novo também se ofereceu para ajudar.

— "Posso atacar os inimigos durante a noite e pegá-los de surpresa", disse ele.

Sargal, apesar de não confiar muito no irmão, acabou concordando com este plano. Zutan foi até o acampamento inimigo, mas seu corpo tremia sem parar tomado por um medo incontrolável. Como não teve coragem de enfrentar o inimigo, decidiu roubar seus cavalos.

Abriu o cercado e enxotou centenas de cavalos, até que todo o exército acordou com o barulho das patas dos animais e Zutan acabou sendo preso. Com medo de ser morto, Zutan implorou:

— "Poupem minha vida! Eu posso ajudá-los a derrotar Geser."

Os inimigos concordaram.

Zutan voltou ao seu acampamento e reuniu os trinta e três guerreiros, contando:

— "Foi uma luta tremenda, porém eu derrotei os três governantes do rio Amarelo, que bateram em retirada. Agora, vocês já podem ir para casa, descansar e festejar nossa vitória com muita bebida e muito fumo!"

Sargal, por sua vez, chamou os trinta e três guerreiros e lhes disse:

— "Não acredito nas palavras de meu irmão. Tem qualquer coisa aqui que está mal contada. Deveríamos ir até lá para verificar se o que ele diz é verdade".

— "Ora, não seja tão descrente, Sargal", disse um dos guerreiros, "está tudo terminado. Vamos festejar!"

E sem fazer caso das sábias palavras de Sargal, os guerreiros se entregaram ao fumo e à bebida para esquecer o frio e festejar.

Sargal não ficou satisfeito e enviou um espião para ver o que estava acontecendo. O guerreiro viu que uma multidão de soldados inimigos estava se aproximando.

Quando estava voltando para avisar Sargal, foi visto pelo inimigo que o perseguiu, lançando uma chuva de setas. O guerreiro foi ferido e caiu do cavalo, ficando desfalecido no meio da floresta. Quando voltou a si, lembrou-se de que precisava avisar Sargal sobre os inimigos, mas não conseguia se mover. Aflito, olhou para o céu e viu um corvo voando em cima de sua cabeça e gritou para o pássaro:

— "Avise os guerreiros de Geser que vão ser atacados por um enorme exército inimigo!"

O corvo atendeu ao desejo daquele homem moribundo e voou até os guerreiros de Geser, avisando-os do perigo.

Apesar de completamente bêbados, eles lutaram bravamente, mas pouco a pouco, o inimigo conseguiu se aproximar da casa de Urmai. Ela pegou uma espada e ficou na porta para se defender, cortando a cabeça dos que se aproximavam. Sargal também tentou protegê-la, mas foi derrotado.

Finalmente, com a ajuda de Zutan, Urmai foi dominada e raptada. Usando magia negra, os três governantes do rio Amarelo transformaram os trinta e três guerreiros em trinta e três montanhas, e seu sangue se transformou em riachos que desciam pelas vertentes.

Urmai gritava e esperneava, suplicando aos inimigos que ao menos a deixassem guardar a cabeça de seu querido Sargal. No início, eles não concordaram, mas depois de um tempo, enlouquecidos com o escarcéu que ela estava fazendo, trouxeram a cabeça do tio de Geser.

Ela pegou a cabeça e olhando para o céu, com os olhos cheios de lágrimas, arremessou-a para o alto, dizendo:

— "Voe para o céu, na direção dos espíritos do oeste e caia no colo da Mãe de Todos os Espíritos!"

Quando os espíritos do mundo superior viram a cabeça de Sargal chegar voando, entenderam que algo terrível estava acontecendo. As três irmãs mais velhas de Bukhe Beligte desceram à Terra em busca de seu irmão.

Geser estava caçando longe de suas terras e não sabia de nada do que estava acontecendo até que suas irmãs o encontraram. Voltou para casa com seu pai Segelen e quando chegou ao campo de batalha e viu toda aquela desolação, com seus trinta e três guerreiros transformados em pedras, Geser foi tomado da mais profunda tristeza e caiu inconsciente.

Segelen reanimou seu filho e Geser foi capaz de usar sua própria magia para desfazer o encanto dos trinta e três guerreiros. Em seguida, puniu severamente seu tio Zutan, que prometeu chorando que nunca mais iria lhe causar problemas.

Porém Geser não podia deixar sua mulher nas mãos dos inimigos. Pegou suas setenta e sete flechas, cujas pontas de chifre cortavam nas quatro direções e partiu para libertar Urmai.

Ao chegar nos domínios dos governantes do rio Amarelo, Geser se transformou num esquelético velhinho e transformou seu cavalo Beligen num potrinho malhado. Parou perto de uma nascente, amarrou o potrinho e deitou-se na relva no meio do caminho, fingindo dormir.

Logo apareceram as setenta e sete filhas dos três governantes, com seus cântaros para pegar água na nascente. Como não era permitido que uma jovem pulasse por cima de um homem, elas tiveram que dar a volta ao lado do velhinho.

Ele fingiu acordar e começou a conversar com elas, conseguindo muitas informações. Soube que Urmai tinha se recusado a casar com o mais velho dos filhos dos governantes e que estava encerrada num lugar escuro e frio, sem nenhuma comida. Ela bebia só água, que se esvaía imediatamente com as lágrimas que vertia sem parar.

Geser perguntou:

— "E alguma vez viram o rosto dela?"

— "Não", responderam, "apenas lhe damos água através de uma janelinha".

Sabendo que o cântaro de água era para Urmai, Geser tirou seu cinto e escondeu-o dentro do cântaro. Logo depois, as jovens levaram a água para Urmai que, quando viu o cinto, soube que Geser tinha vindo salvá-la.

No dia seguinte, Geser apareceu na porta de um dos três governantes, transformado em um bebê que chorava alto e forte. O dono da casa recolheu o bebê, dizendo:

— "Gritando desta maneira, esta criança está destinada a ser um grande guerreiro."

E deu-lhe o nome de Olzoboi (aquele que foi encontrado).

O menino Olzoboi crescia a olhos vistos, ficando cada vez maior e ganhava todos os torneios de força.

Um dia, quando os três governantes estavam celebrando mais uma vitória de Olzoboi, Geser mandou uma mensagem para os seus trinta e três guerreiros que, junto com trezentos capitães e os três mil e noventa soldados marcharam em direção aos territórios inimigos.

Quando souberam desta notícia, os governantes do rio Amarelo organizaram seu exército, nomeando Olzoboi como seu líder.

Chegando no campo de batalha, Geser retomou sua aparência original e junto com seu exército exterminou os inimigos como se fossem formigas.

Derrotados, os governantes do rio Amarelo imploraram por perdão:

— "Por misericórdia, poupe nosso sangue, nossas vidas e nossa pele e lhe seremos eternamente gratos!"

— "Eu nunca desejei mal a nenhum de vocês", respondeu Geser.

— "Prometemos nunca mais tocar nosso arco ou fazer voar nossas flechas" asseguraram os três governantes.

E assim, Geser libertou Urmai de sua prisão escura e levou sua querida esposa de volta à acolhedora casa nas margens do eterno lago negro.

Vários dias de festas e alegria tomaram conta da bela terra das cotovias. Geser então prometeu que dali em diante não haveria mais guerras, pois era chegado o tempo de paz para todo o seu povo, sem monstros ou inimigos.

Por seus feitos, Geser foi nomeado então, Herói do Povo.

E assim, Geser e seus guerreiros viveram felizes às margens do lago negro por três anos e três dias.

coleção Arca da Sabedoria

Contos Mágicos Persas

Interessante seleção permeada de humor que compõe um mosaico maravilhoso do imaginário literário persa, terra culturalmente fértil e berço das mais antigas civilizações. Somos levados a preciosas reflexões sobre a tolerância religiosa, o preço de querer levar vantagem em tudo, a importância da humildade etc.

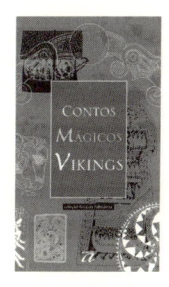

Contos Mágicos Vikings

Nos contos recolhidos nesta obra são retratados os imaginários de personagens vikings e de povos nórdicos que herdaram suas tradições, sobretudo dos primeiros tempos do Cristianismo nas terras do Norte (Dinamarca, Islândia, Noruega e Suécia). Incluem fantasmas, criaturas das águas, elfos, conferindo uma tonalidade mágica às tramas desenroladas.

Contos Budistas da China

"Perceber as dificuldades da vida para que se conheça a verdadeira felicidade." É esta a máxima budista que permeia os textos aqui apresentados. A verdade, a amizade, a ingratidão e o sexo são alguns deles. E o próprio Buda participa como personagem de várias narrativas, proferindo, ele mesmo, seus ensinamentos ou confirmando-os com suas atitudes!

Impressão e Acabamento
Bartira
Gráfica
(011) 4123-0255

Meu Rosário

PAULUS

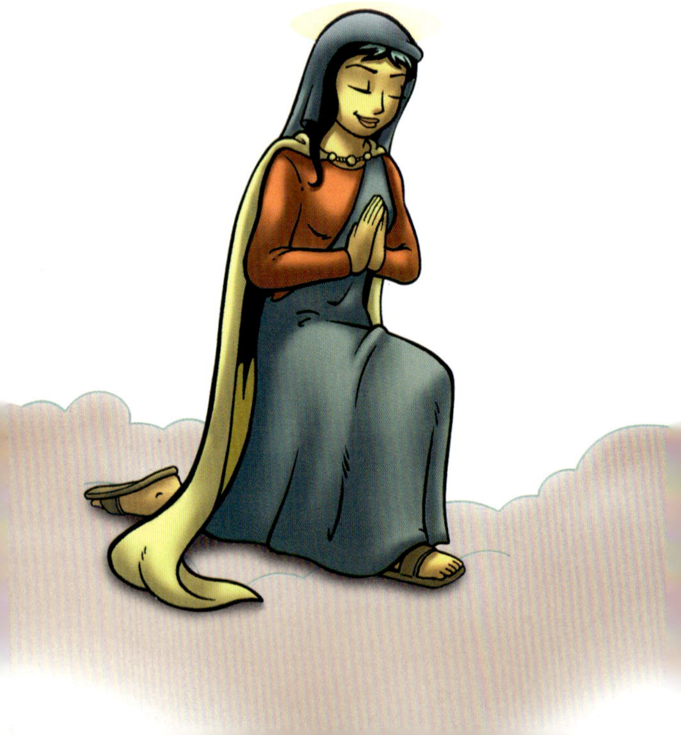

Caminho de fé

A fé é a nossa resposta ao grande amor de Deus e se manifesta principalmente por meio da oração. O Rosário é uma das melhores formas de iniciar o caminho de fé, porque concentra as principais orações cristãs e medita sobre os momentos mais importantes da vida de Jesus e de Maria. Enquanto rezamos, recordamos a história de Jesus, desde o seu nascimento até a sua ascensão ao céu. As imagens que ilustram cada mistério ajudam a educar na fé, fazendo com que cada criança conheça a vida e os ensinamentos de Jesus e se coloque ao seu lado.

Como rezar o Rosário

O Rosário é formado por vinte mistérios, divididos em quatro grupos. Em cada dia da semana rezamos um destes grupos, com cinco mistérios, que é o Terço.

Começamos a rezar o Terço com o sinal da cruz, invocando a Deus que é Pai, Filho e Espírito Santo:

Em nome do Pai e do Filho e do Espírito Santo.

Fazemos nossa profissão de fé, rezando o Creio:

Creio em Deus Pai todo-poderoso, criador do céu e da terra. E em Jesus Cristo, seu único

Filho, nosso Senhor, que foi concebido pelo poder do Espírito Santo, nasceu da virgem Maria, padeceu sob Pôncio Pilatos, foi crucificado, morto e sepultado. Desceu à mansão dos mortos, ressuscitou ao terceiro dia, subiu aos céus e está sentado à direita de Deus Pai todo-poderoso, donde há de vir a julgar os vivos e os mortos. Creio no Espírito Santo; na Santa Igreja católica; na comunhão dos santos; na remissão dos pecados; na ressurreição da carne; na vida eterna. Amém.

Depois, começamos a rezar os mistérios:

- Mistérios da Alegria na segunda-feira e no sábado;
- Mistérios da Luz na quinta-feira;
- Mistérios da Dor na terça e na sexta-feira;
- Mistérios da Glória na quarta-feira e no domingo.

Após anunciar o mistério, rezamos um Pai-nosso, dez Ave-Marias e um Glória.

Pai nosso que estais no céu, santificado seja o vosso nome; venha a nós o vosso Reino, seja feita a vossa vontade, assim na terra como no céu. O pão nosso de cada dia nos dai hoje, perdoai-nos as nossas ofensas, assim como nós perdoamos a quem nos tem ofendido, e não nos deixeis cair em tentação, mas livrai-nos do mal. Amém.

Ave, Maria, cheia de graça, o Senhor é convosco. Bendita sois vós entre as mulheres e bendito é o fruto do vosso ventre, Jesus. Santa Maria, Mãe de Deus, rogai por nós pecadores, agora e na hora de nossa morte. Amém.

Glória ao Pai e ao Filho e ao Espírito Santo. Como era no princípio, agora e sempre. Amém.

Ó meu bom Jesus, perdoai-nos e livrai-nos do fogo do inferno. Levai as almas todas para o céu e socorrei principalmente as que mais precisarem.

No final do Terço saudamos a Maria com uma Salve-Rainha:

Salve, Rainha, Mãe de misericórdia, vida, doçura e esperança nossa, salve. A vós bradamos, os degredados filhos de Eva, a vós suspiramos, gemendo e chorando neste vale de lágrimas. Eia, pois, advogada nossa, esses vossos olhos misericordiosos a nós volvei. E depois deste desterro, mostrai-nos Jesus, bendito fruto do vosso ventre. Ó clemente, ó piedosa, ó doce sempre Virgem Maria.

- Rogai por nós, santa Mãe de Deus.

- Para que sejamos dignos das promessas de Cristo!

Mistérios da Alegria
(ou Gozosos)

Recordam o nascimento do menino Jesus e sua infância.

1. Anunciação do anjo Gabriel a Maria (Lc 1,26-39)

2. Visita de Maria a sua prima Isabel (Lc 1,39-56)

3. Nascimento de Jesus em Belém (Lc 2,1-15)

4. Apresentação de Jesus no templo (Lc 2,22-33)

5. Encontro do menino Jesus no templo, entre os doutores (Lc 2,42-52)

1º mistério gozoso:
Anunciação do anjo Gabriel a Maria
(Lc 1,26-39)

2º mistério gozoso:
Visita de Maria a sua prima Isabel
(Lc 1,39-56)

3º mistério gozoso:
Nascimento de Jesus em Belém
(Lc 2,1-15)

4º mistério gozoso:
Apresentação de Jesus no templo
(Lc 2,22-33)

5º mistério gozoso:
Encontro do menino Jesus no templo, entre os doutores

(Lc 2,42-52)

Mistérios da Luz
(ou Luminosos)

Recordam a vida e as ações de Jesus em meio ao povo.

1. Jesus é batizado no rio Jordão (Mt 3,13-16)

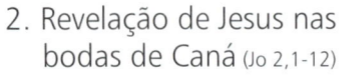

2. Revelação de Jesus nas bodas de Caná (Jo 2,1-12)

3. Jesus anuncia o Reino de Deus (Mc 1,14-21)

4. Transfiguração de Jesus no Monte Tabor (Lc 9,28-36)

5. Jesus institui a Eucaristia (Mt 26,26-29)

1º mistério luminoso:
Jesus é batizado no rio Jordão
(Mt 3,13-16)

2º mistério luminoso:
Revelação de Jesus nas bodas de Caná
(Jo 2,1-12)

3º mistério luminoso:
Jesus anuncia o Reino de Deus
(Mc 1,14-21)

4º mistério luminoso:
Transfiguração de Jesus no Monte Tabor
(Lc 9,28-36)

5º mistério luminoso:
Jesus institui a Eucaristia
(Mt 26,26-29)

Mistérios da Dor
(ou Dolorosos)

Recordam os momentos de dor e sofrimento de Jesus ao ser preso e condenado.

1. Oração e agonia de Jesus no Jardim das Oliveiras (Mc 14,32-43)

2. Flagelação de Jesus (Jo 18,38-40)

3. Jesus é coroado de espinhos (Mt 27,27-32)

4. Jesus carrega a cruz para o Calvário (Lc 23,20-32)

5. Crucifixão e morte de Jesus (Lc 23,33-47)

1º mistério doloroso:
Oração e agonia de Jesus no Jardim das Oliveiras
(Mc 14,32-43)

2º mistério doloroso:
Flagelação de Jesus
(Jo 18,38-40)

3º mistério doloroso:
Jesus é coroado de espinhos
(Mt 27,27-32)

4º mistério doloroso:
Jesus carrega a cruz para o Calvário
(Lc 23,20-32)

5º mistério doloroso:
Crucifixão e morte de Jesus
(Lc 23,33-47)

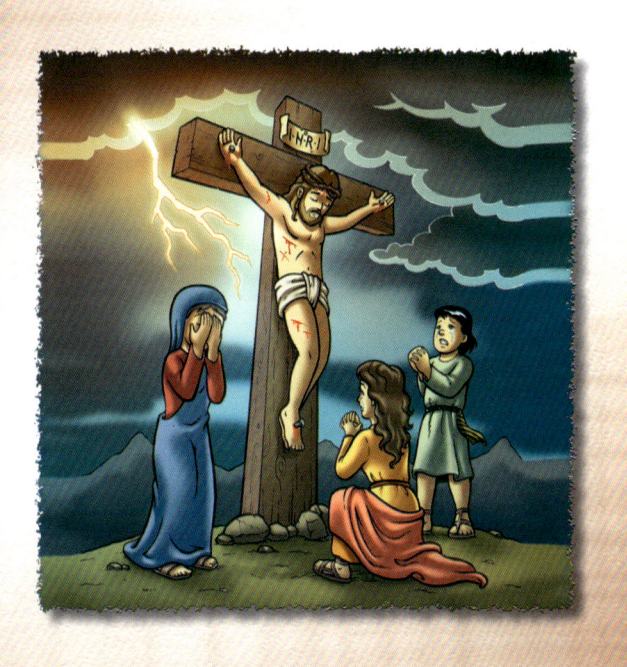

Mistérios da Glória
(ou Gloriosos)

Celebram a salvação e a alegria,
a vida nova que Jesus nos dá.

1. Ressurreição de Jesus
   (Mc 16,1-8)

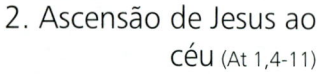

2. Ascensão de Jesus ao céu (At 1,4-11)

3. Descida do Espírito Santo
   (At 2,1-13)

4. Assunção de Maria ao céu

5. A coroação de Nossa Senhora

1º mistério glorioso:
Ressurreição de Jesus
(Mc 16,1-8)

2º mistério glorioso:
Ascensão de Jesus ao céu
(At 1,4-11)

3º mistério glorioso:
Descida do Espírito Santo
(At 2,1-13)

4º mistério glorioso:
Assunção de Maria ao céu

5º mistério glorioso:
A coroação de Nossa Senhora

Organização
Darlei Zanon

Ilustrações
André de Assis Valle
Rubem Alves

Editoração, impressão e acabamento
PAULUS

Para Lali,
com amor e saudade.

1ª edição, 2005
5ª reimpressão, 2022

© PAULUS – 2005

Rua Francisco Cruz, 229 • 04117-091 São Paulo (Brasil)
Tel. (11) 5087-3700
paulus.com.br • editorial@paulus.com.br

ISBN 978-85-349-2394-1